J'ORGANISE mon année

Cycle 1

Nouveau programme 2015

Frédérique LEFÈVRE
Conseillère pédagogique honoraire,
Ancienne chargée de mission à la Direction Générale
de l'Enseignement scolaire (DEGESCO-MEN)

Vea.fr
Nathan

@bonnez-vous et retrouvez les ressources supplémentaires de cet ouvrage à télécharger sur le portail Lea.fr

Rendez-vous sur le portail : Lea.fr / Communauté pédagogique / Travail collaboratif / J'organise mon année Cycle 1 :

http://lea.nathan.fr/actualite/jorganise-mon-annee-cycle-1

Cliquez sur « Je m'abonne », « Offres d'abonnement » et en bas de page « Activez votre code d'abonnement multi-accès ».

Vous pourrez intégrer le **groupe de travail collaboratif de l'ouvrage** et y découvrir toutes les ressources supplémentaires mises à votre disposition :

- Fiches
- Modèles d'emplois du temps
- Dossiers

Vous pourrez également interroger l'auteur de l'ouvrage et dialoguer avec elle.

Lea.fr Avec cet ouvrage, vous bénéficiez d'une offre découverte : un mois d'accès illimité offert au portail pédagogique.
« L'École Aujourd'hui » est un portail pédagogique à destination des enseignants de l'école primaire. Il propose de nombreuses ressources pédagogiques, des conseils métiers, des espaces d'échanges entre pairs, avec des auteurs, des actualités sur le monde éducatif.

Comment activer votre accès d'un mois offert ?
Contactez la rédaction : nathan.contactlea@nathan.fr. Vous recevrez en retour de mail un code d'activation de votre abonnement d'un mois.

ISBN : 978-209-124332-0

Présentation de l'ouvrage

Cet ouvrage s'adresse à tous les enseignant(e)s de cycle 1.
Il a pour objectif de les aider à s'approprier et mettre en œuvre le nouveau programme de 2015.
Il est conçu de façon à proposer des outils qui pourront être adaptés en fonction de la réalité de chaque classe et de chaque école.

Une appropriation du programme
Pour chaque domaine du programme, les points forts sont mis en évidence et une progressivité est proposée sur l'ensemble du cycle.

Des programmations
Pour chaque niveau, les programmations en cohérence avec la progression organisent les connaissances et compétences des programmes sur cinq périodes.

Des séquences
Une séquence est développée pour chaque domaine et chaque niveau du cycle. D'autres séquences correspondant aux programmations proposées sont mises à disposition sur le portail lea.fr.

Trois projets interdisciplinaires, un **projet de cycle** et des **exemples d'emploi du temps** complètent les ressources offertes par cet ouvrage.

Partie 1

Une introduction pour comprendre l'esprit du nouveau programme, aider à sa mise en œuvre.

Partie 2

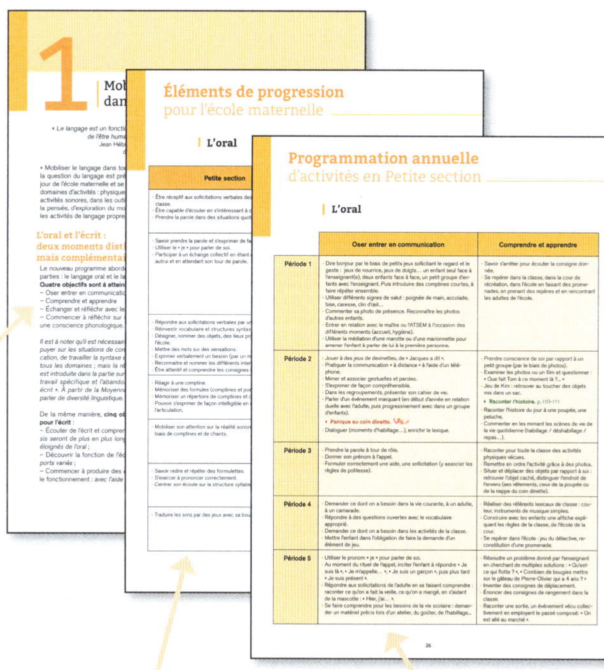

Pour chacun des 5 domaines, une analyse pour guider sa mise en œuvre.

Pour chaque cycle, une progression détaillée par niveau.

Pour chaque niveau et domaine (ou sous-domaine), une programmation détaillée par périodes. De nombreuses idées d'activités simples à mettre en œuvre.

Partie 3

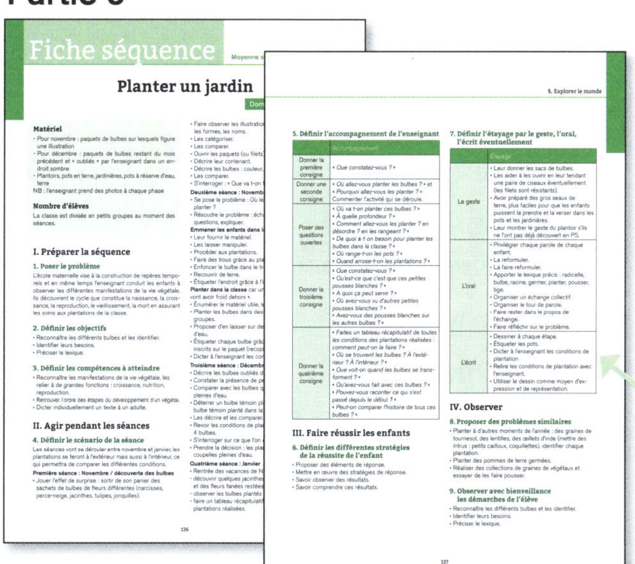

Pour chaque niveau et chaque domaine, des séquences complètes réparties en séances détaillées étape par étape.

Sommaire

Partie 1

Comprendre

Comprendre le nouveau cycle 1

À l'école maternelle, **l'enfant apprend à devenir élève**. Pour réussir cette transformation, il doit parvenir à un certain nombre **représentations** mentales que l'on peut résumer ainsi :

- assumer le manque et par la-même devenir curieux ;
- assumer l'absence et se constituer des représentations mentales de l'absence, condition fondamentale pour apprendre ;
- intérioriser des règles, des cadres, des interdits, liés à la vie des autres ; il doit prendre conscience de son identité ;
- être capable de séparer mentalement deux lieux : la famille et l'école.

L'école maternelle doit répondre aux besoins du jeune enfant en tant que lieu de vie mais également en tant que lieu d'apprentissage.

L'attitude de l'enseignant est primordiale dans cette réussite. La préparation et la réflexion que celui-ci installe en amont des séances dans la classe sont déterminants.

L'organisation spatiale et temporelle de la classe est également très importante, tout comme l'**articulation** entre les différents moments de l'école.

La communication entre l'école et la famille est essentielle pour le bien-être de l'enfant. Il arrive avec un vécu et l'enseignant(e) a besoin de transmettre aux parents ce qui se passe dans la classe. De la même façon, la confiance entre chacun des partenaires qui entoure de l'enfant est indispensable.

Le programme de 2015

La loi du 8 juillet 2013, dite de « Refondation de l'école », fait de l'école maternelle un cycle autonome depuis le décret du 24 juillet 2013 (article L321-2). Le nouveau programme de ce cycle unique et fondamental établit d'emblée un certain nombre de principes, en réaction à la « primarisation » dénoncée dans les programmes de 2008. « C'est dès l'école maternelle qu'il importe de s'attaquer aux inégalités de réussites scolaires. L'institution est attentive à ne pas sous-estimer ni sur-estimer les inégalités socioéconomiques, territoriales, culturelles ou entre filles et garçons pour éviter l'apparition précoce de difficultés scolaires. »

Un programme en deux parties

Les principes fondateurs

- L'école maternelle est une **école qui accueille**. D'où l'importance fondamentale du dialogue régulier entre enseignants et parents et la vigilance dont l'école doit faire preuve pour expliquer aux familles les attendus de l'École et leur faire comprendre comment elles peuvent aider leurs enfants.
- Elle organise **des transitions** : lors de la première scolarisation, entre le temps scolaire et périscolaire, mais aussi à la sortie de l'école.
- Elle tient compte du **développement de l'enfant**. Ses progrès sont liés à la maturation et aux stimulations. Chaque enfant est unique et les progrès ne sont donc pas uniformes.
- Une école qui organise des **modalités d'apprentissage spécifiques**. L'enseignant propose des activités de résolution de problème qui sont des activités cognitives de haut niveau. Elles conduisent les enfants à mobiliser leurs connaissances, les répétitions introduisant une dimension temporelle dans cet apprentissage par exercices ; la mémorisation tient également une grande place dans les stratégies d'apprentissage.
- Les enseignants sont invités à donner à chacun et à tous les moyens de réussir en faisant de la maternelle **une école à part entière**, caractérisée par des apprentissages ciblés ou transversaux et en y réaffirmant **la place primordiale du langage**.
- **L'importance du jeu** y est soulignée : il « favorise la richesse des expériences vécues des enfants dans l'ensemble des classes de l'école maternelle et alimente tous les domaines d'apprentissage. Il permet aux enfants d'exercer leur autonomie, d'agir sur le réel, de construire des fictions, de développer leur imaginaire. Il leur permet également de communiquer avec les autres, de se construire au sein d'une communauté et d'y tisser des liens forts d'amitié. Il revêt diverses formes : jeux symboliques, d'exploration, de construction et de manipulation, jeux collectifs et jeux de société, jeux fabriqués et inventés… »
- C'est une école où les enfants vont **apprendre et vivre ensemble** : il s'agit-là d'un marqueur très fort de l'identité de l'école maternelle.
- Cette **école est bienveillante**, elle donne du temps pour apprendre et a confiance dans la capacité de tous à apprendre et à progresser ; elle permet de bien grandir. Les enfants ont besoin de présences rassurantes, chaleureuses pour mieux se développer. Une présence comme celle d'un enseignant capable de comprendre les émotions, les attentes du jeune enfant lui permettra de se reposer affectivement. Mais il faudra en plus que l'adulte pratique une positivité permanente.
- C'est une école qui **valorise les progrès des enfants en les évaluant**. L'évaluation est un processus continu ; elle « constitue un outil de régulation dans l'activité professionnelle des enseignants » dans la classe et dans l'école pour tous les domaines d'apprentissage.

Un programme décliné en cinq domaines d'apprentissage

1. Mobiliser le langage dans toutes ses dimensions : il s'agit du langage oral et écrit, en réception et en production. Le programme souligne qu'il doit être également pratiqué avec la même attention, quel que soit le domaine dans lequel il s'exerce.

2. Agir, s'exprimer, comprendre à travers l'activité physique renvoie aux expériences corporelles, particulières et signifiantes, à la pratique d'activités physiques, toujours soutenues par le langage, qui permet de développer un lexique de verbes d'action.

Les activités motrices, comme les activités sensorielles et artistiques, semblent revalorisées grâce à des séances quotidiennes de 30 à 45 minutes pendant lesquelles les enfants vont pouvoir explorer et construire de véritables conquêtes motrices. Elles étaient au second plan dans le programme de 2008 qui se concentrait sur la préparation du CP.

Quatre objectifs sont fixés :

- Agir dans l'espace, dans la durée et sur les objets ;
- Adapter ses équilibres et ses déplacements à des environnements ou des contraintes variées ;
- Communiquer avec les autres au travers d'actions à visée expressive ou artistique ;
- Collaborer, coopérer, s'opposer.

Le programme explicite les objectifs et détaille les activités pour chacun d'eux.

3. Agir, s'exprimer, comprendre à travers les activités artistiques permet d'orienter les premiers apprentissages vers les pratiques culturelles et artistiques variées.

On insiste sur la fréquence et la diversité de ces activités. Les enfants devront être capables de « pratiquer le dessin pour représenter ou illustrer, en étant fidèle au réel ou à un modèle, ou en inventant », « d'interpréter de manière expressive » des chansons ou de jouer avec sa voix, comme de rentrer en communication avec les autres en créant de petites improvisations ou imitations dans tous les domaines du spectacle.

4. Construire les premiers outils pour structurer sa pensée apporte un changement essentiel dans ce domaine exclusivement réservé aux mathématiques. L'enseignement y est réparti en deux temps : la construction des nombres et leurs utilisations, qui permettent d'aborder les premiers apprentissages mathématiques, et l'exploration des formes, des grandeurs et des suites organisées.

5. Explorer le monde aborde d'une part les **apprentissages temporels et spatiaux**, d'autre part **l'exploration du monde du vivant, des objets et des matières**.

La partie concernant l'espace et le temps s'appuie sur les acquis des enfants et leurs observations, mais attention néanmoins à ne pas être trop ambitieux et à ne pas faire apprendre l'heure dès la petite section (voir pages 88 et suivantes) !

Concernant **le monde du vivant, des objets et de la matière**, il est demandé de partir des soins donnés aux animaux pour ensuite « élargir la catégorie des êtres vivants » aux végétaux, car ils « nécessitent aussi des soins particuliers ». Les activités sur les objets et la matière se font par manipulation, les enfants découvrant le plaisir de l'action qui les conduit à la réflexion sur les propriétés. On n'oubliera pas l'hygiène et l'environnement.

La découverte des outils numériques se fait en contexte, par recherche d'informations, en particulier sur des sites Internet. « Les enfants apprennent notamment à [...] utiliser une souris d'ordinateur, agir sur une tablette numérique. » L'enfant doit savoir « utiliser des objets numériques : appareil photo, tablette, ordinateur » qui doivent être utilisés dans les activités réelles.

Chaque domaine est systématiquement structuré de la manière suivante :

- Définition ;
- Objectifs et éléments de progressivité ;
- Contenus ;
- Conditions et moyens pour permettre de réussir ;
- Attendus de fin cycle.

Indications de progressivité données :

- **Entre 2 et 4 ans :** observation-imitation, essais-erreurs (actions à encourager) ;
- **Autour de 4 ans :** franchissement d'une étape liée aux progrès du langage, de la fonction symbolique, de la socialisation, de la décentration, de la représentation des pensées d'autrui (théorie de l'esprit) ;
- **Entre 4 et 6 ans :** anticipation, projet, échanges d'idées, début de raisonnement et de conceptualisation (agir et réfléchir).

Le langage au cœur des apprentissages

D'après la loi d'orientation et de programmation pour la refondation de 2013, l'école maternelle doit contribuer à « prévenir les difficultés scolaires, à dépister les handicaps et à compenser les inégalités ». Elle répond ainsi aux défis posés par la proportion d'élèves sortant du système sans qualification, la stagnation du pourcentage d'élèves en difficulté à l'issue de l'école primaire et le creusement des écarts entre élèves performants et élèves les plus faibles.

L'oral

Les familles dans lesquelles on utilise **les échanges langagiers** comme outils privilégiés pour canaliser les choix et les activités, où l'on pratique le récit, l'argumentation, des jeux de mots, apportent en effet des bénéfices considérables aux enfants. L'école maternelle est là pour combler ce fossé auprès des jeunes enfants les plus en difficulté, en leur proposant des activités langagières structurantes et une bienveillance accrue. D'autre part, on sait que le langage est déterminant pour **la réussite scolaire ultérieure** : l'élève doit entrer dans un rapport particulier avec lui grâce à un maniement précis et structuré.

Le nouveau programme indique donc que le travail sur le langage ne se fait pas au détriment de toutes les autres activités mais **en relation** avec toutes les autres activités, et dans tous les domaines : il sera d'autant plus riche que les activités le seront.

C'est là que le mot « agir » et non « exécuter » prend tout son sens : il faut **agir, réussir et comprendre** avec l'aide et le soutien du langage. Comprendre, c'est parler et penser. Cela suppose de se décentrer.

L'écrit

Le changement le plus net se situe dans la nouvelle orientation donnée à la préparation de la lecture et de l'écriture. Désormais, la voie privilégiée consiste à comprendre « comment se fait la transformation d'une parole en écrit ; d'où l'importance de la relation qui va de l'oral vers l'écrit. » *BO* spécial n° 2 du 26 mars 2015.

La découverte de l'écrit, très détaillée, fait une grande place à la littérature de jeunesse et appuie le langage sur les activités quotidiennes. Il s'agit d'inciter l'enfant à parler, par le jeu et la verbalisation des actions, à raconter des expériences vécues, à discuter d'un projet. L'enseignant, dont le langage (rigueur, rythme) est très important, apprend et explicite le vocabulaire à partir des histoires et des situations, verbalise les activités, induit la réflexion (questionnement, explications par les élèves), développe la conscience phonologique par les jeux phoniques décomposant les mots en syllabes.

Oral et écrit

Le nouveau programme manifeste une volonté de changement. Avec le programme 2015, l'école maternelle renforce son action en matière de « transmissions cognitives » autour de quelques points clés :

- **le travail sur le langage oral** ;
- **l'entrée dans la culture de l'écrit** (univers des signes, univers de la conceptualisation, accès à des « objets » qui n'existent pas dans la nature).

« Repérer des régularités dans la langue à l'oral en français (éventuellement dans une autre langue) » constitue un des objectifs attendu en fin d'école maternelle (compétence 8 du domaine 1). Il s'agit de « regarder ce que l'enseignant fait lorsqu'il écrit et chercher à comprendre », de connaître « les correspondances entre les trois écritures (cursive, script, capitales) », transcrire des textes manuscrits sur clavier en capitales, en les imprimant, en script (« copier un texte connu à l'aide d'un clavier »), « écrire son prénom et son nom en écriture cursive » (prénom en capitales d'imprimerie puis cursive dès la moyenne section – MS), « essayer d'écrire tout seul un mot en utilisant des lettres ou groupes de lettres qui, en étant lus, reproduisent au moins partiellement la sonorité du mot »... Une place première est accordée à la dictée à l'adulte et à l'encodage ; quelques exemples de conceptions des dispositifs pédagogiques rendant possibles ces effets sont donnés.

Des exercices graphiques sont préconisés pour s'entraîner à l'écriture cursive. « Il n'y a pas de pré-lecture à la maternelle », affirme le programme qui conclut pourtant : « L'écriture autonome constitue donc l'aboutissement de ces différents apprentissages et découvertes. »

La découverte du principe alphabétique doit se faire par « le " spectacle " de l'enseignant qui écrit », l'enfant découvrant par lui-même l'existence de correspondances au sein de mots qui peuvent être complexes et comportent des correspondances non connues. Ainsi, dès la petite section (PS), l'enfant doit reconnaître son « étiquette prénom » et savoir l'écrire en fin de PS. Dans ces conditions, la plupart des enfants ne peuvent reconnaître leur prénom que selon sa forme globale, sa longueur, la présence d'un accent... De même, on demande aux enfants de savoir écrire leur nom de famille en Grande section, d'écrire des noms de personnages dès la MS (Blanche-Neige...), de découvrir des « repères langagiers » et « graphiques » dans le texte écrit (ponctuation, auteur, date, emplacement du passage entendu...). L'enseignant indique à l'enfant « qu'il ne peut pas encore lire » ce qui a été écrit (p. 30), et « ne cherche pas un résultat orthographique normé ».

Un paragraphe est consacré à l'**éveil à la diversité linguistique** : « à partir de la moyenne section, ils [les élèves] vont découvrir l'existence de langues, parfois très différentes de celles qu'ils connaissent. Dans des situations ludiques (jeux, comptines...) ou auxquelles ils peuvent donner du sens (DVD d'histoires connues par exemple), ils prennent conscience que la communication peut passer par d'autres langues que le français : par exemple, les langues régionales, les langues étrangères et la langue des signes française (LSF). Les ambitions sont modestes mais les essais que les enfants sont amenés à faire, notamment pour répéter certains éléments, doivent être conduits avec une certaine rigueur. »
On note que le terme de « sensibilisation » a disparu au profit de l'éveil à la diversité linguistique. L'exposition du jeune enfant à plusieurs langues favorise la curiosité, l'ouverture à l'altérité. Cet éveil contribue au développement d'une capacité à faire du langage un objet d'observation, de stratégie de compréhension et de la discrimination auditive.

Une école où l'on joue

Le rôle des coins jeux

Le **coin jeu**, dont la présence à l'école maternelle a pu, à une époque, être questionnée, représente un espace indispensable dans la classe. Pauline Kergomard, Inspectrice générale (1838-1925) a ainsi affirmé que « Jouer c'est le travail de l'enfant ». Il est indispensable à l'adaptation de l'enfant à la réalité et la construction de son identité : les repères spatio-temporels sont à sa mesure, les situations de jeux sont familières. Il répond aux besoins de tous les élèves.

Le programme 2015 en précise la richesse pour le jeune enfant qui se construit et apprend. Dans ce temps dit de « jeu libre », il manipule, construit, assimile des connaissances et/ou des comportements. Bien souvent, il n'est pas seul dans un coin-jeu. Certains espaces permettent de « re-jouer » des comportements sociaux (imitation) et de construire progressivement des règles de comportement harmonieuses pour la vie en groupe.

L'enseignant(e) pourra s'appuyer ainsi sur ces premières expériences et aller plus loin en dépassant l'utilisation habituelle du coin comme espace de « décompression » après un travail en groupe, en aidant l'enfant à aller au-delà de ses premières expériences de jeu (par l'intermédiaire de consignes et de mises en commun qui feront évoluer le jeu), en encourageant l'enfant à « mettre des mots », à enrichir son vocabulaire, à parler avec son entourage, donc à acquérir un langage oral riche, organisé et compréhensible par l'autre.
Cela demande de la part des enseignant(e)s d'être attentifs à la conception et l'évolution des coins pour qu'ils s'adaptent à l'âge des enfants et à leurs besoins, au fil des mois et des années.
La médiation de l'adulte dans la vie des coins jeux doit cependant être interrogée et dosée : si elle est trop forte, le coin jeu risque de perdre son identité. Et s'ils constituent de formidables atouts pour débuter ou consolider des **apprentissages**, ils ne peuvent pas se confondre avec les **ateliers**[1].
La question du langage est également posée : comment le coin jeu va-t-il contribuer au passage du langage oral en situation à un langage plus élaboré ?

Définir les coins jeux

Un espace de la classe

Le coin jeu est un espace de la classe aménagé par l'enseignant(e) pour un temps donné mais évolutif, **espace défini**, **clos** et **identifiable** comme appartenant à un ou plusieurs lieux connus et repérables (objets de chambre, de bibliothèque, de boulangerie, etc.). Il est donc :
- suffisamment fermé sur l'extérieur pour permettre un isolement et un retour à soi, l'effacement de l'adulte mais ouvert au regard et à l'oreille l'enseignant(e) pour ne pas y être comme abandonné ;
- suffisamment grand pour y interagir à 2 ou 3, mais suffisamment petit pour se sentir protégé et non livré à un espace incontrôlable « dévorant » par sa taille et/ou le nombre d'enfants ;
- où ne se mêlent pas plusieurs genres de coins et plusieurs classes d'objets : par exemple faire cohabiter dans le même coin « poupées et garage ».

Il s'agit d'un espace libre, dans lequel il n'y a pas d'intervention directe de l'enseignant(e) mais un apport de consignes, un aménagement particulier et une observation fine de la part de ce (cette) même enseignant(e). Il (elle) suggère, oriente l'activité de l'enfant, l'accompagne, la stimule ou participe au jeu. Dans des jeux dirigés, la tâche est donnée ; l'enseignant(e) conduit une démarche, il attend un résultat précis et donne pour cela une consigne ou une règle ; il (elle) conduit lui-même l'activité, étayée pas à pas.
Le jeu libre et le jeu organisé sont tous les deux indispensables au développement de l'enfant. La qualification de « jeu libre », c'est-à-dire non médiatisé directement par l'adulte, par opposition au jeu

1. Voir page 13.

pédagogique ou didactique, sera réservée aux moments où les enfants sont en activité spontanée. Le jeu où l'adulte n'intervient pas, ou peu, est plus déstabilisant pour l'enseignant(e) qui, même s'il (elle) régule le fonctionnement du coin, ne maîtrise pas tout ce que fait l'enfant. Il (elle) doit accepter de s'effacer devant l'activité de l'enfant et prendre le temps de l'observer.

Un espace transitionnel

Le coin jeu contribue à la création d'un « **espace *transitionnel*** » entre la maison et l'école maternelle pour faciliter le passage du statut d'enfant au statut d'élève. Cet aménagement exige la présence d'« objets transitionnels » porteurs de la présence virtuelle de la famille et de tout ce qui est familier à l'enfant.

C'est une aire du « compromis », qui constitue la plus grande partie du vécu de l'enfant et qui subsiste tout au long de sa vie, permettant de maintenir à la fois séparés et reliés l'un à l'autre la réalité intérieure et la réalité extérieure. C'est dans cet espace que se déploie la **créativité** et que l'on trouve toutes les activités **symboliques** : le jeu, le langage, la culture, qui vont offrir à l'enfant la possibilité de faire des expériences fondamentales pour sa maturation et son intégration.

Quels coins installer dans la classe ?

Traditionnellement, plusieurs coins existent dans une classe d'école maternelle.

- **Le coin regroupement** : avec bancs ou chaises, tapis, tableau pour écrire ou afficher, tableau éventuellement interactif (TBI). Les enfants doivent être assis correctement et confortablement ; il est plus facile d'écouter dans ces conditions que de se rouler sur un tapis ! Ce coin regroupement peut être dans un angle, mais peut se situer au milieu d'un mur ou occuper le milieu de la salle, et les affichages se trouver dans un coin « graphisme » ou « écriture » dans une section de grands.
- **Les coins de jeux symboliques** : cuisine, dinette, chambre, poupée, marchand, garage, poupées... Si leur place en principe reste la même, leur aménagement évolue, leur fonction, l'usage qu'on en fait dans la classe également au cours du cycle. Les enfants doivent ou peuvent selon leur âge être associés à ces transformations dans des projets.
- **Le coin peinture** dispose de chevalets, de plans verticaux et horizontaux (les tables et le sol feront l'affaire). Il est bon de prévoir un meuble roulant ou une petite table sur lequel les élèves trouveront tout le matériel dont ils ont besoin et qu'ils apprendront petit à petit à gérer seul. Le bon sens recommande de le placer auprès d'un point d'eau. Ce coin peinture peut être délocalisé dans un couloir « large » ou bien une salle « vide » ou bien le dortoir vide le matin... Tous les arrangements sont possibles, même la peinture dans la cour.
- **Le coin bibliothèque** doit davantage son intérêt au choix des livres qu'à sa taille ou au nombre des coussins : quel que soit le mode de rangement choisi, ils doivent être compréhensibles par les élèves, leur rangement effectué par eux avec l'enseignant(e). Beaucoup de classes utilisent des bibliothèques verticales où la photocopie des couvertures de livres indique leur place et facilite ainsi le rangement. Ce coin peut parfois être utilisé en section de tout-petits, voir de petits comme « coin cocon » dans la classe. On peut s'interroger sur cet amalgame et trouver un autre coin avec un matelas plus « cocooning ».
- **Le coin écoute** : il peut être installé dans le coin bibliothèque, et proposer des contes ou des récits à écouter si le fonctionnement des appareils est bien expliqué.
- **Le coin nature** : selon le projet de classe, on peut posséder des plantes, un aquarium, un élevage, mais aussi à disposition un petit jardin. Il faut juste penser aux conditions d'hygiène qui doivent être respectées.
- **Les coins personnels** : Il est sans doute préférable de proposer à chacun des petits une panière individuelle étiquetée avec son prénom et sa photo. Quant aux plus grands, un casier est important.
- **Quand jouer ?** Tous les moments sont envisageables en fonction des objectifs assignés au temps du jeu et des projets de classe.
- **Pendant combien de temps ?** Selon l'âge des enfants, selon la richesse du coin jeu et les modalités d'organisation de la classe, selon le problème posé. Donner des repères de temps aux enfants (horloge, timer, arrivée de l'ATSEM...).

Définir les objectifs d'apprentissages

Développer des comportements variés

- Développer des comportements de jeux symboliques, de jeux d'imitation compris par les psychologues et pédopsychiatres comme les moyens de bases du développement intellectuel et affectif.
- Développer des comportements logico-mathématiques : les coins comportent des « classes d'objets » ordonnés. Pour que les enfants y jouent, cela exige d'eux des comportements logico-mathématiques (connaissances cognitives) comme classer et ordonner, dénombrer, faire des correspondances terme à terme, ainsi que des représentations

(même élémentaires) spatiales et temporelles. Par exemple : ranger les casseroles par ordre de grandeur, les couverts par catégories, etc.
- Favoriser l'apprentissage de comportements sociaux et langagiers : les jeux prévus exigent des échanges et des négociations, des désignations d'objets, d'actions, etc., c'est-à-dire différentes fonctions du langage, comme un rapport à l'écrit : coin bibliothèque, vocabulaire des objets et des actions, reformulation d'histoires avec des figurines, etc.
- Construire des compétences d'autorégulation : apprendre à organiser son activité par rapport à un but et en fonction de données (les objets, leur disposition…).
- Jouer avec des des jeux de société : en tant que jeux traditionnels conçus pour favoriser l'appropriation de notions ou de savoirs particuliers, les apprentissages se font autour de jeux mathématiques ou de lecture. L'enseignant apporte là une représentation du jeu en opposition à celle du travail.

Programmation des jeux sur le cycle

Petite Section	Moyenne Section	Grande Section
Jeux avec objets, Jeux physiques et symboliques.	Jeux avec objets, jeux physiques et symboliques.	Jeux avec objets, jeux physiques et symboliques.
Déplacer et se déplacer, manipuler, construire et transvaser.	Partager, échanger, construire ensemble.	Choisir, expérimenter, s'exercer, complexifier, miniaturiser.
Jeux avec des matières et des outils variés.	Ajouts de coins jeux, ferme, marché, marionnettes, déguisement…	Installer progressivement un atelier fixe d'écriture et de création d'écrit.
Coins jeux de base : poupées, dinette, voitures, construction.	Ajouts d'outils, d'éléments, de matériaux (enrichir, diversifier...).	
Graphisme : piste graphique sur grand espace.		

Travailler en équipe sur les jeux dans l'école
- Faire le point sur les différents types de jeux utilisés dans sa classe, dans l'école et la place qui leur est assignée.
- Identifier les champs à approfondir, à revaloriser, à compléter.
- Inscrire un axe « jeu » dans le projet d'école.
- Bâtir une programmation d'école.

Le rôle de l'enseignant(e)

L'enseignant(e), garant(e) de l'accueil et des institutions, se doit d'être exemplaire dans sa qualité des relations avec les enfants et leurs parents. Car à son arrivée à l'école maternelle, l'enfant est entièrement dépendant de l'adulte.

La première préoccupation de l'enseignant(e) consiste à instituer une relation de confiance et à lui apprendre « les gestes libérateurs » comme s'habiller seul, se rendre seul aux toilettes, se laver les mains, se moucher, se déplacer seul dans la classe ou dans l'école, retrouver et ranger le matériel dont il a besoin. Dans le même temps, il se doit d'expliquer aux parents pourquoi il fait telle ou telle chose dans la classe et pourquoi il est important que les parents et l'école communiquent autour de l'enfant.

Il donne également à chacun les moyens d'une plus grande autonomie intellectuelle, qui, au cours du cycle deviendra plus grande encore. Il organise sa classe, donne des consignes de telle sorte que chacun se sente concerné et sache ce qu'il a à faire au niveau du travail lui-même, sur la façon de le réaliser, sur le résultat à obtenir, les conditions de temps et d'espace.

L'attitude de l'enseignant(e)

Il (elle) est celui (celle) qui mène le jeu, provoque et reçoit, écoute et relance la balle, un peu plus fort et un peu plus haut. Il y a interactivité entre l'enseignant(e) et ses élèves selon plusieurs modalités d'étayage :

- **le questionnement :** il permet à l'enfant de se construire une représentation des attentes de son interlocuteur, de la structure du récit en anticipant progressivement sur ses attentes, en « intériorisant » progressivement ce qui s'échange oralement avec l'adulte.
- **la citation :** l'enseignant(e) cite parfois les paroles que l'enfant devrait prononcer ; il s'agit alors presque d'un modèle qu'il (elle) propose à l'enfant.
- **la reformulation :** l'enseignant(e) est amené(e) à reprendre les énoncés des élèves pour permettre au reste du groupe de comprendre ce qui a été dit, ou ce qui n'est ni audible ni clair. Il s'agit aussi de renvoyer au groupe l'idée énoncée, mais surtout de permettre qu'une version plus satisfaisante sur le plan langagier soit proposée au locuteur et aux auditeurs. Cette reformulation peut concerner la syntaxe, l'articulation ou le lexique technique. Mais l'incitation, la confrontation entre plusieurs énoncés, la demande de précision, l'interprétation, l'identification de l'objet du discours, la mise en relation, la validation de ce qui a été dit sont autant de modalités d'étayage.

Les enjeux de l'apprentissage sont fort nombreux du fait de la transversalité des compétences langagières. Afin que l'enfant acquiert un langage intuitif, construit, les enseignants doivent veiller à ce qu'il développe toutes ses compétences potentielles, c'est-à-dire ses capacités à apprendre et à penser. Selon ses interventions, il (elle) favorise ainsi le développement d'un langage intérieur, de l'explication des idées et provoque une argumentation.

L'enseignant(e) et le langage

Les enseignant(e)s de Petite section, et a fortiori de toute petite section, savent combien il est difficile d'organiser des regroupements. De plus, les moments de langage sont de tous les instants dans une journée d'école et pas seulement dans des moments de classe (dans la cour, à la cantine, au lever de la sieste et au coucher). L'enseignant(e), dès l'accueil, tente de rentrer en communication avec chaque enfant. Il écoute, s'adresse à chacun en particulier, répond aux questions, en pose, interpelle, montre, répète, renvoie, reformule, fait remarquer. Ce sont dans les interactions enseignant-élève que le langage de chacun des jeunes élèves se construit. Toutes les occasions sont bonnes, mais elles sont surtout variées. L'enseignant(e) privilégie un accueil individualisé qui permet des relations duelles en confiance ; il (elle) accepte toute parole de l'enfant ; il (elle) suscite toutes les interactions langagières liées à la vie quotidienne de la classe et aux préoccupations des enfants ; il (elle) emploie les termes justes. Chez les petits qui expriment leurs sentiments par le geste, il (elle) est source d'imprégnation verbale par son discours mais multiplie également les situations d'action entraînant une traduction langagière adaptée. Chez les grands, une plus grande réflexion fait jour peu à peu et fait se construire des images mentales.

L'enseignant(e) sait aussi installer un milieu riche et favorable aux échanges verbaux : il (elle) trouve dans la vie quotidienne de l'enfant ou de la classe des situations qui vont permettre de communiquer, avec lui (elle) dans un premier temps, puis petit à petit entre eux. Ces situations appartiennent à tous les domaines inscrits dans les programmes du cycle 1. Le langage est dans tous les domaines.

Il ne faut pas oublier de faire du langage un objet de plaisir, de jeu, de curiosité (les comptines et les jeux de doigts y participent). Toutes les compétences se rapportant au langage sont petit à petit développées.

C'est ainsi que l'enfant progresse dans ses prises de parole, il maîtrise sa voix, son débit verbal, il met le monde en mots et s'intéresse à ces mêmes mots ; il nomme, enrichit son vocabulaire, organise « son dire ». Il acquiert les instruments du langage tels que : les structures lexicales, les concepts, les relations sémantiques, les règles syntaxiques, la manière de les utiliser au cours d'activités de communication pour se faire comprendre.

Pour améliorer les pratiques individualisées et les interactions du langage, il est donc souhaitable en maternelle de : **réduire** la dimension du groupe classe, **augmenter** le temps de parole de chaque enfant, **diversifier** les thèmes de conversation, **travailler** différents thèmes de vocabulaire dans une situation la plus proche possible du contexte, **s'exercer** dans les différents domaines du langage (prononciation, lexique, syntaxe, conversation), **rester proche** des situations réelles, **mettre en place** des situations de projets pertinentes.

Quelles sont les qualités requises ?

Il (elle) se doit d'être **exigeant(e)**, mais avant tout **bienveillant(e)**. Il (elle) doit pratiquer un étayage efficace, précis surtout avec les enfants qui semblent en difficulté. Il (elle) les observe avec vigilance et sait faire preuve d'insistance mais toujours à bonne escient, pour expliciter, reformuler en permanence. Il (elle) sait être ferme lorsqu'il donne une consigne car il (elle) prend le temps pour obtenir la réponse désirée. Une parole oubliée est une consigne non respectée.

Il (elle) module sa voix, pose des questions, écoute et sait attendre les réponses. Il (elle) s'étonne, s'exclame, s'esclaffe, chuchote, s'adresse aux enfants aussi bien sur le ton de l'orateur que celui du confident, fait mine de s'indigner, de s'attrister, de s'enthousiasmer... son univers théâtral n'a pas de limites !

L'enseignant(e) comprend les phrases les plus mystérieuses et les reformule tout de suite. Il donne la main aux plus timides et aux plus volubiles, aux « gros durs » et aux inattentifs...

Conseils pour mener sa classe

Organiser l'espace

Plus les enfants sont jeunes, plus il faudra libérer l'espace : moins de tables, plus de place au sol, des coins très peu fermés, et toujours de la section des petits à la section des grands, des coins jeux attrayants. De 2 à 4 ans les enfants ont besoin de jeux moteurs, ils ont envie de bouger dans la classe, de se tenir debout autour des tables. L'enseignant(e) mettra à leur disposition un certain nombre de « coins-jeux ».

S'il est possible d'utiliser quotidiennement le dortoir le matin en section de petits, l'enseignant (e) pourra ainsi installer à l'accueil des jeux roulants ou du matériel d'activités physiques. Il pourra également profiter d'un espace adapté à des projets plastiques sur très grands formats... mais également inviter une autre classe de petits pour pratiquer le chant en chorale et installer un coin bibliothèque dans lequel les parents pourraient participer sous certaines conditions.

De la même façon l'enseignant organise sa classe en espaces d'apprentissages :

- un espace de rassemblement ;
- une bibliothèque ;
- les coins jeux ;
- les espaces d'exercices.

L'affichage

Institutionnel, donc obligatoire, didactique ou esthétique, l'affichage reflète les pratiques pédagogiques. Affichages et espaces d'apprentissages sont intimement liés.

L'enseignant doit donc se poser les questions : Pour qui ? Pour quoi ? et lui donner du sens :

- il doit s'adresser en priorité aux enfants comme support d'apport d'apprentissage, donc lisible, à la hauteur de tous, calligraphié ou imprimé et compréhensible ;
- constituer un outil de référence immédiate et ne pas être mélangé à d'autres visuels uniquement esthétiques ;
- se distinguer en fonction des coins et de ses fonctions ;
- utiliser les sols et les murs.

Il est très difficile matériellement, et surtout sans grand intérêt pédagogique, de regrouper tous les enfants autour de la même activité toute la journée. Le travail « en petits groupes » ou en « ateliers » est donc pratiqué dans la grande majorité des classes et ce dans tous les domaines de l'école maternelle. Cela présente de nombreux avantages : plus grande individuation, autonomie des enfants favorisée, disponibilité accrue du maître auprès d'un petit groupe. Mais lorsqu'on entend dans la classe : « *le groupe des jaunes vient avec moi pour le rituel du matin, le groupe des rouges va dans cet atelier, le groupe des bleus va dans le coin jeu, et le groupe vert reste en autonomie* », on est en doit de s'interroger sur la signification de groupe, coin, autonomie, atelier. Il s'agit donc de les définir exactement et peut-être de les redéfinir.

Les dispositifs d'apprentissage

Comment organiser sa classe pour mieux « réfléchir, résoudre des problèmes, s'exercer, se remémorer et mémoriser » ?

L'enseignant(e) doit organiser l'apprentissage : motiver, montrer, modéliser, prendre en compte le niveau de chacun, structurer les activités, les mettre en lien, les consolider, veiller à ce que tous soient actifs, consolider les compétences, veiller à ce que tous réussissent plusieurs fois une même activité.

1. La classe peut être regroupée lorsque l'enseignant(e) présente une situation de projet, propose un questionnement à toute la classe (la découverte d'un écrit, d'un objet technologique ou vivant, d'une matière, d'un événement particulier...).

L'enseignant(e) va alors poser des questions, faire exprimer des points de vue ou exprimer le sien, fait prendre la parole en grand groupe, travailler tous les items de la communication et demande l'engagement de tous dans le projet commun.

Le langage doit être adapté au projet, le lexique doit être spécifique, il y a des choix à faire. Les consignes sont précises et doivent être comprises par tous. Le projet fédère le groupe, mais l'enseignant(e) doit s'assurer que tous les enfants y adhèrent.

Il faut inciter chaque enfant à verbaliser ses actions, ses observations, noter toutes les observations, faire expliciter les démarches, favoriser les échanges entre élèves, recueillir les diverses réponses, faire expliciter les diverses procédures, faire le lien entre les actions, la réflexion et prendre en compte les erreurs.

Il faut trouver des situations similaires ou identiques pour réinvestir les compétences mobilisées, être vigilant avec ceux qui paraissent avoir décroché dans cette situation où tout le monde était concerné, porter son attention sur les élèves qui en ont le plus besoin,

Il faut identifier les compétences en cours d'acquisition, repérer l'organisation, les stratégies, le temps mis par les élèves et noter les difficultés rencontrées dans la pratique pédagogique.

2. Une situation problème : ateliers en petits groupes d'environ 6 à 8

Les autres enfants sont répartis dans des activités autonomes : la classe est alors en « ateliers » Ce terme recouvre une organisation spécifique permettant d'aboutir à des réalisations individuelles ou collectives, productions laissant une trace matérielle (peinture, graphisme...) ou ne laissant pas de trace (productions sonores, lecture d'album, manipulation d'objets...). L'atelier vise souvent à l'acquisition d'une nouvelle compétence, présente de nouveaux outils ou bien renforce une compétence.
Les enfants vont devoir comprendre le problème, mettre en place une stratégie permettant de trouver une solution, confronter ensemble leurs hypothèses de solutions, expliciter leur démarche à l'oral, argumenter, justifier.
L'enseignant(e) s'assure que le problème est compris de chacun et que tous entrent dans la tâche. Il (elle) aide les enfants à mettre en mots leurs actions et leurs réflexions par son questionnement, ses reformulations, ses relances. Il (elle) sollicite chacun, favorise la prise de parole et les échanges. Il (elle) fait expliciter les démarches, les essais-erreurs et garde en mémoire des traces des productions et des paroles.
La durée varie selon le niveau de la classe, le moment de l'année, le moment de la progression, la question posée.

Les rituels

Il s'agit d'activités régulièrement reproduites qui structurent le temps de la classe, participent à la socialisation et amènent les enfants à progresser dans leurs compétences de communication dans un climat sécurisant (reconnaître et lire les prénoms, reconnaître et écrire la date, faire évoluer les activités de l'accueil...). Les activités ritualisées permettent de construire des savoirs et des savoir-faire dans différents domaines. Elles permettent à l'enfant d'appartenir à un groupe, de se projeter dans le temps, de faire des choix, d'anticiper, de planifier ses actions, de les réguler, de faire des liens, de multiplier les essais, de devenir autonome. Mais elles nécessitent que l'enseignant en fixe les objectifs et prévoit une mise en œuvre adaptée.

Elles doivent évoluer en fonction du développement cognitif et affectif de l'enfant sur l'année et dans le cadre d'une programmation de cycle.

Vivre ensemble

La maternelle est une école dans laquelle les enfants apprennent à vivre ensemble. Ils vont comprendre la fonction de l'école, une manière d'apprendre spécifique (ensemble, avec des critères de réussite), se construire comme personne singulière au sein d'un groupe en participant à des projets en commun, en faisant preuve de coopération mais en suivant des règles communes.

Ils vont apprendre à devenir de plus en plus autonomes. Pour cela ils doivent :
- conquérir l'espace : de la classe, de l'école ;
- comprendre le rôle de l'adulte présent ;
- savoir choisir les meilleurs supports et matériels ;

Le décloisonnement

Il consiste à faire éclater les classes de même niveau ou de niveaux différents pour que les élèves travaillent avec d'autres enfants, du même âge ou non, et avec d'autres enseignants. Il peut avoir des objectifs ou des raisons d'être très différents : utiliser les compétences particulières de certains enseignants en musique, arts, mathématiques, mener à bien un projet spécifique et commun à plusieurs classes de l'école, par exemple pour monter un spectacle.

On pratique également le décloisonnement vertical (élèves d'âge différents) pour établir entre petits et grands une relation d'aide très socialisante, autour de projets précis : découverte de la bibliothèque, apprentissage de jeux de société, jeux de plein air...
Enfin, pour les élèves en difficulté, les enseignants peuvent créer des ateliers de soutien où un petit groupe, hétérogène quant à l'âge et la classe, travaillera un point de langage.
Le décloisonnement ne peut avoir d'autres buts que de permettre aux élèves de travailler mieux et dans des conditions matérielles meilleures.

Évaluation

Il est souhaitable de s'appuyer sur l'observation en situation continue des enfants, dès la petite section, en prenant autant en compte les stratégies, les processus que les résultats. Il est préférable de ne pas s'imposer une norme, de ne pas faire d'évaluations formelles ni d'établir de diagnostic et de comptes rendus normatifs en faisant plus de photographies et en délaissant les photocopies : valoriser le parcours et sa progression, valoriser l'observation, valoriser l'exercice, valoriser la réussite d'une tâche.
Afin de rendre compte des progrès des élèves, l'enseignant(e) se doit de renseigner régulièrement un carnet de suivi des apprentissages de l'enfant qui permet de rendre compte aux parents mais aussi aux collègues de ses progrès selon la fréquence adaptée à son âge. Voir à ce sujet : http://eduscol.eduscol.fr/ressources-maternelle

Nécessaire évolution de l'organisation d'une classe de l'école maternelle

L'enseignant(e) doit penser l'aménagement de l'espace et du temps au regard du développement de l'enfant et du développement des conditions de l'adaptation scolaire de chacun en vue de la scolarité obligatoire.

Tout au long des trois années, les équipes doivent penser leurs classes dans une logique d'évolution (temps et espaces, modalités d'apprentissage et leur progressivité, manipulation, jeu, essais-erreurs...) : installer progressivement les contraintes du lieu « École », enrichir l'environnement, penser aux besoins d'exploration sous toutes les formes, être attentif à la forme de l'étayage et de l'accompagnement, « doser la place du scolaire » en grande section, faire évoluer les exigences, distinguer « difficultés » et « différences », faire évoluer les supports, faire évoluer les activités en autonomie, faire évoluer les formes de travail : collectif, groupe, individuel, faire évoluer les formes de traces et de productions : dessins, photos de manipulation, de fabrications, représentations...

Les projets

Le projet est une entreprise collective gérée par le groupe classe qui s'oriente vers une production concrète, qui induit un ensemble de tâches dans laquelle tous les enfants peuvent s'impliquer et jouer un rôle actif, qui peut varier en fonction de leurs moyens et de leurs intérêts, qui suscite l'apprentissage de savoirs et de savoir faire de gestion de projet (décider, planifier, coordonner...), qui favorise en même temps des apprentissages identifiables au programme.

Le projet d'école

Depuis 1989, chaque établissement scolaire doit, après concertation entre les membres de l'équipe éducative et éventuellement des partenaires extérieurs, établir un projet qui corresponde aux besoins spécifiques des élèves de cet établissement. Ces besoins sont mis en lumière par les évaluations et par une étude de la population scolaire et de l'environnement culturel et social. Le projet d'école est soumis à l'approbation du conseil d'école et de l'administration.

Chaque année le travail accompli est évalué par l'ensemble de l'équipe qui peut proposer des avenants. Tous les trois ans, en fonction de l'évolution de la situation, un nouveau projet est déposé. Il peut mettre l'accent sur les mêmes contenus ou être totalement différent. Outre le fait qu'il permette le financement de certaines activités, le projet d'école constitue, avec le programme, le premier outil de travail du maître puisqu'il indique les domaines et les compétences sur lesquels mettre l'accent.

Le projet de cycle

La pédagogie de l'école maternelle est spiralaire. Les programmes indiquent en effet des compétences à atteindre en fin de cycle et sur lesquels il convient de revenir tout au long du cycle. Le conseil de cycle, en fonction d'une progression, définit une programmation de l'ensemble des questions à traiter dans chaque section qui convient à son école.

Les projets de classe

À la lumière des documents officiels cités plus haut, chaque enseignant(e) décide des activités et des projets de sa propre classe. Peut-on parler alors de projets des enfants ? Soyons réalistes : de jeunes enfants arrivant à l'école ne s'en soucient guère. Ils sont individualistes, avides d'apprendre, mais vivent dans le présent. Ce n'est que lorsqu'ils auront compris le langage de l'école qu'ils pourront parler « projet ».

Celui qui a des projets, c'est l'enseignant(e) qui amène les élèves à y adhérer. En élaborant ces projets pédagogiques, il (elle) doit prendre garde de respecter une progression : définir quels savoirs antérieurs requièrent un savoir donné et la facilité plus ou moins grande d'aborder les notions suivantes.

La communication école-famille

Trois grands principes fondent des relations de qualité entre une famille et l'école pour une scolarité réussie de l'enfant.

- **Offrir aux parents un véritable accueil** dès l'arrivée à l'école maternelle ; ils doivent trouver des repères, des conseils, identifier tous les acteurs, connaitre les caractéristiques de l'école.
- **Reconnaître les parents dans leur rôle d'éducateur** en manifestant à tous la même considération, en respectant les cultures d'origines et les modes de vie différents, en valorisant ce que les parents apportent à leur enfant.
- **Favoriser l'engagement des parents dans la réussite de leur enfant** en construisant une vision exacte de l'école, en mettant en avant tout ce que l'école va apporter à leur enfant, en les convainquant de la réussite de leur enfant.

Il faut donc rencontrer individuellement les parents de chaque famille en début d'année, et au moins encore deux fois voire plus à leur demande, instituer un carnet de liaison et des affichages visibles que les enfants peuvent expliquer facilement, leur présenter le carnet d'observations.

Le partenariat enseignant-ATSEM (Agent territorial spécialisé des écoles maternelles)

Ce partenariat, indispensable au fonctionnement des écoles maternelles, a la particularité de faire travailler ensemble différents corps de métiers. « C'est parce que nous avons des fonctions différentes dans le système que nous devons rechercher une harmonisation de nos contributions respectives dans l'intérêt des bénéficiaires de notre travail. Mais travailler ensemble, ce n'est pas faire la même chose. »

Viviane Bouysse, IGEN in Préface : *ATSEM – Enseignant, Travailler ensemble*, CRDP de Nantes, Vasse, Gillot, Leterme, 2008.

Ce partenariat s'est étendu car les collectivités locales, en raison de la mise en place des nouveaux rythmes scolaires, ont dû souvent faire appel aux personnels municipaux et en particulier les ATSEM à l'école maternelle pour animer les nouveaux horaires.

La liaison Grande section – Cours préparatoire

Concevoir une bonne liaison GS/CP a plusieurs objectifs :

- accompagner les ruptures qui placeraient des élèves en difficulté ;
- assurer des continuités dans les apprentissages et les comportements.

La collaboration et la réflexion entre les équipes du cycle 1 et du cycle 2 est donc indispensable. Le projet d'école constitue également un des outils qui va permettre cette liaison avec l'école élémentaire.

Le rôle des enseignants dans le bon déroulement de cette liaison est primordial :

- faire rencontrer les classes à l'occasion de fêtes, de rallyes, de jeux, de jeux de société, d'ateliers, de spectacles, d'échanges…
- faire visiter les locaux avant la fin de l'année ;
- faire des réunions communes pour les parents ;
- travailler sur l'autonomie des enfants ;
- allonger progressivement les plages d'attention dans l'emploi du temps ;
- harmoniser les emplois du temps GS / 1re période du CP ;
- retrouver en CP un coin jeu, des jeux, les outils de liaison (cahier de classe, liste des lectures d'albums, liste des comptines et chants, liste des œuvres d'art vues et écoutées, liste des mots utilisés, cahier de graphisme…).

Partie 2

Programmer

1 Mobiliser le langage dans toutes ses dimensions

« *Le langage est un fonctionnement naturel de l'être humain.* »
Jean Hébrard Inspecteur général de l'Éducation nationale

« Mobiliser le langage dans tous ses dimensions » : la question du langage est présente dès le premier jour de l'école maternelle et se décline dans tous les domaines d'activités : physiques, plastiques, lors des activités sonores, dans les outils de structuration de la pensée, d'exploration du monde et bien sûr dans les activités de langage proprement dites.

L'oral et l'écrit : deux moments distingués mais complémentaires

Le nouveau programme aborde le langage en deux parties : le langage oral et le langage écrit.
Quatre objectifs sont à atteindre pour l'oral :
– Oser entrer en communication
– Comprendre et apprendre
– Échanger et réfléchir avec les autres
– Commencer à réfléchir sur la langue et acquérir une conscience phonologique.

Il est à noter qu'il est nécessaire de continuer à s'appuyer sur les situations de communication et d'évocation, de travailler la syntaxe et le vocabulaire dans tous les domaines ; mais la réflexion sur la langue est introduite dans la partie sur l'oral, ce qui induit un travail spécifique et l'abandon du rapport « oral/écrit ». À partir de la Moyenne section, on entend parler de diversité linguistique.

De la même manière, **cinq objectifs sont à viser pour l'écrit** :
– Écouter de l'écrit et comprendre : *les textes choisis seront de plus en plus longs et de plus en plus éloignés de l'oral* ;
– Découvrir la fonction de l'écrit : *utiliser des supports variés* ;
– Commencer à produire des écrits et en découvrir le fonctionnement : *avec l'aide de l'adulte* ;
– Découvrir le principe alphabétique : *pas d'apprentissage systématique des relations entre formes orales et écrites* ;
– Commencer à écrire tout seul : *pas d'enseignement systématique de l'écriture en capitales ; débuter la cursive en GS ou MS pour les élèves ayant la maturité motrice suffisante.*

La découverte du principe alphabétique se fait désormais à travers la production de textes écrits autonomes. Dès la Moyenne section, les enfants s'essayent à des écritures de mots. L'enseignant peut ainsi établir un recueil des premières écritures de l'enfant et le transmettre ensuite au CP.

Le rôle de l'enseignant(e) dans l'animation de la classe

Il doit organiser un dispositif de classe qui lui permette d'accompagner un groupe de 6 à 8 enfants pendant un moment suffisamment long.

Il peut ainsi créer de vraies situations de communications, proches de la vie des enfants, dans lesquelles ces derniers sont à la fois locuteurs et interlocuteurs.

Il doit veiller à la qualité des *feedbacks*, des retours, à leur répartition, à la quantité et à la qualité des questions ouvertes, ce qui signifie préparer les échanges.

Il garde des traces de l'oral des enfants autant que faire se peut. Il écoute les enfants discourir entre eux en se mettant en retrait, en situation d'observation.

Il élabore des règles conversationnelles et, en même temps, laisse les enfants développer des compétences d'étayage entre pairs. Il propose l'allongement des prises de parole de chacun, ainsi que des situations de langage à caractère argumentatif (de réelles situations–problème, de la Petite section à la Grande section) et d'autres situations-problème similaires.

Il aide l'enfant à commencer à écrire en lui permettant de tâtonner, d'essayer, de recommencer tout en cherchant lui-même à lire la production, en la commentant, en posant la norme.

Mises en situation

Accueillir individuellement constitue un moment privilégié pour les relations duelles. Il permet d'observer le niveau de langue de chaque enfant (monolinguisme, bilinguisme), d'écouter l'enfant parler et de lui parler, mais aussi de développer la confiance en soi et en l'adulte.

Accompagner chaque activité par le langage : sur un sujet, un jeu, dans un coin jeu, l'enseignant suscite des interactions langagières liées à la vie quotidienne de la classe et à la préoccupation de l'enfant. Cela donne du sens à l'école. L'enfant est conduit à prendre la parole et à progresser, à dialoguer. Toute parole peut être acceptée, mais reformulée et accompagnée des termes justes. Il est important de mettre dans la classe des référents communs.

Raconter et commenter des « activités décalées » : le groupe est petit, la composition du groupe varie, il convient d'amener l'enfant à progresser dans ses prises de parole autant sur la longueur que sur le plan syntaxique et lexical ; il s'applique à la désignation, au récit, aux commentaires, à la mise en lumière des relations entre causes et effets, mais aussi à ce qui donne du sens (un dessin, un élément de fabrication...).

Réfléchir autour d'une situation-problème : les enfants doivent s'écouter, argumenter, se faire comprendre, expliquer, questionner, comprendre le point de vue de chacun, justifier le leur, convaincre.

Comprendre et utiliser le langage des consignes : travailler sur la réception, la production, la pertinence, la faisabilité, la création, le lexique des consignes.

Travailler le lexique : le travailler à travers les coins jeux, les jeux de Kim, des jeux de lotos et des imagiers (faits ou à faire), des tris ou des classements suivis de justification, la constitution de listes, des activités à partir de comptines, de poésies et de devinettes, des recherches à partir d'albums, des définitions, des familles de mots, des créations (suffixes/préfixes), la polysémie.

Maîtriser la voix : jouer avec les onomatopées, les jeux sur l'articulation, sur l'intonation. En même temps, jouer sur l'écoute, l'attention, la mémorisation des comptines, des chants, des poésies...

Jouer avec les sons de la langue : jouer à des jeux de repérage de rimes, « Pigeon Vole », le jeu du Corbillon, des jeux de substitution ou des syllabes manquantes, des charades simples ou des rebus, du verlan, des phrases magiques, des « Mots Tordus ».

Comprendre un récit : construire un univers de référence, jouer avec des marottes, utiliser les images de l'album, poser des questions ouvertes, retrouver les éléments de l'histoire (le début, la fin, les personnages, l'intrigue), extraire le thème, mettre en réseau plusieurs livres, mettre en ordre chronologique des images choisies.

Animer des ateliers de graphisme et d'écriture : aménager dans la classe un « coin écriture » en autonomie à partir de la moyenne section, à l'accueil ou en activité relais avec des affiches ou un dictionnaire de motifs graphiques et des modèles individuels plastifiés que les enfants peuvent reproduire sur une feuille. En Grande section, instaurer des ateliers spécifiques d'écriture et de graphisme pour l'apprentissage du geste et de la bonne tenue de l'outil scripteur, pris en charge par l'enseignant lui-même.

Ces ateliers se passeront dans le calme, avec une bonne tenue sur les chaises, le dos droit et les pieds collés au sol. La tenue du crayon sera l'objet de toutes les attentions. Le geste graphique final consiste à avoir le poignet « collé à la taille », ce qui signifie que pour que l'enfant écrive correctement sans lever la main (amplitude très faible du poignet) les lignes qui doivent encadrer l'écriture doivent être peu larges. L'apprentissage se fait très progressivement et n'est pas terminé pour certains enfants à la fin de la GS.

Éléments de progression pour l'école maternelle

L'oral

Petite section	Moyenne section
• Être réceptif aux sollicitations verbales des acteurs de la classe. • Être capable d'écouter en s'intéressant à ce qui est nouveau. • Prendre la parole dans des situations quotidiennes.	• Oser parler spontanément. • Savoir prendre la parole et s'exprimer de façon compréhensible.
• Savoir prendre la parole et s'exprimer de façon compréhensible. • Utiliser le « je » pour parler de soi. • Participer à un échange collectif en étant attentif à ce qui dit autrui et en attendant son tour de parole.	• Savoir prendre la parole, évoquer et s'exprimer de façon compréhensible. • Moduler sa voix en fonction de la situation. • Décrire, questionner, expliquer à l'occasion d'activités. • Reformuler une consigne simple, une règle du jeu. • Dire, décrire ou évoquer ce qu'on a fait.
• Répondre aux sollicitations verbales par un mot ou une phrase. • Réinvestir vocabulaire et structures syntaxiques simples. • Désigner, nommer des objets, des lieux propres à la classe et l'école. • Mettre des mots sur des sensations. • Exprimer verbalement un besoin (par un mot). • Reconnaitre et nommer les différents intervenants de l'école. • Être attentif et comprendre les consignes simples.	• Être capable d'écouter pour répondre. • Répondre aux sollicitations verbales par une phrase. • Réinvestir vocabulaire et structures syntaxiques simples. • Nommer les objets de la classe, les catégoriser, dire à quoi ils servent. • Comprendre une consigne simple., une règle du jeu simple. • Nommer des actions, des objets à partir d'une fiche technique, d'une recette.
• Réagir à une comptine. • Mémoriser des formules (comptines et poésies). • Mémoriser un répertoire de comptines et de petites poésies. • Pouvoir s'exprimer de façon intelligible en respectant l'articulation.	• Mémoriser des formules (comptines et poésies). • Mémoriser un répertoire de comptines et de petites poésies. • Les dire devant la classe de manière compréhensible en respectant l'articulation, en jouant avec sa voix.
• Mobiliser son attention sur la réalité sonore de la langue par le biais de comptines et de chants.	• Découvrir l'existence d'autres langues. • Observer une autre langue. • La comparer à la langue française.
• Savoir redire et répéter des formulettes. • S'exercer à prononcer correctement. • Centrer son écoute sur la structure syllabique des prénoms.	• Rythmer prénoms, chants, comptines, phases… • Savoir retrouver des assonances, des rimes. • Prendre conscience de la structure syllabique des mots.
• Traduire les sons par des jeux avec sa bouche.	• Traduire de façon physique les sons par des jeux avec sa bouche. • Retrouver des assonances, des rimes.

Grande section	Ce qui est attendu des enfants en fin d'école maternelle
• Répondre aux sollicitations verbales par une phrase. • Moduler sa voix en fonction de la situation et ajuster son propos.	• **Communiquer avec les adultes et avec les autres enfants par le langage, en se faisant comprendre.**
• Utiliser des outils linguistiques progressivement plus complexes (structure syntaxique, pronoms, connecteurs logiques, cohérence temporelle, négation, interrogation…). • Reformuler pour enrichir ses productions. • Dire, décrire, expliquer après une activité (hors contexte de réalisation). • Justifier en utilisant « parce que ». • Enrichir et utiliser son vocabulaire (noms, verbes, adjectifs, adverbes, comparatifs) concernant : – les actes du quotidien, les relations avec les autres, – les activités et savoirs scolaires, en particulier l'écrit, – les récits personnels, les histoires entendues.	• **S'exprimer dans un langage syntaxiquement correct et précis. Reformuler pour se faire mieux comprendre.**
• Participer à un échange collectif en étant attentif à ce qui dit autrui, en attendant son tour de parole, en restant dans l'échange. • Prendre en compte ce qui vient d'être dit pour faire évoluer l'échange : intervenir, questionner, argumenter. • Prendre l'initiative d'un échange et le conduire au-delà de la première réponse. • Restituer les différents moments de la journée sans support. • Raconter une histoire connue sans support.	• **Pratiquer divers usages du langage oral : raconter, décrire, évoquer, expliquer, questionner, proposer des solutions, discuter un point de vue.**
• Interpréter avec des variantes expressives un chant, une comptine, une poésie seul devant le groupe.	• **Dire de mémoire et de manière expressive plusieurs comptines et poésies.**
• Comprendre certaines sonorités. • Faire de la discrimination auditive. • Observer éventuellement une autre langue. • La comparer à la langue française.	• **Repérer des régularités dans la langue à l'oral en français (éventuellement dans une autre langue).**
• Rythmer mots, phrases, textes. • Repérer les assonances. • Produire des assonances, des rimes.	• **Manipuler des syllabes.**
• Mettre en relation des sons et des lettres. • Distinguer les sons constitutifs du langage. • Localiser un son dans un mot (début, fin). • Discriminer des sons proches (f/v, s/ch, s/z, ch/j).	• **Discriminer des sons (syllabes, sons-voyelles ; quelques sons-consonnes hors des consonnes occlusives).**

Éléments de progression
pour l'école maternelle

L'écrit

Petite section	Moyenne section
• Écouter des histoires adaptées à son âge de plus en plus longues et complexes. • Raconter avec ses propres mots ce qui a été entendu en s'appuyant sur le support livre.	• Écouter et être attentif à des histoires de plus en plus longues et éloignées de l'oral • Émettre des hypothèses sur un sujet. • Produire des phrases correctes. • Poser des questions. • Apprendre à argumenter dans une situation problème posée par l'enseignant. • Dans tous les cas, ajuster son propos pour se faire comprendre en fonction de questions ou de remarques.
• Manifester de l'intérêt pour l'écrit : prénom, imagier, album…. • Manipuler les livres et toutes autres formes d'écrits (affiches, recettes, documents, lettres…), en écouter attentivement la lecture. • Reformuler avec ses propres mots des histoires connues. • Mémoriser et reformuler des éléments de l'histoire avec l'aide de l'enseignant mais sans support illustré. • Savoir identifier le début et la fin d'une histoire.	• Rester attentif jusqu'au terme du récit. • Identifier, les personnages, les lieux, les débuts et les fins des histoires. • Raconter avec ses propres mots ce qui a été entendu en s'appuyant sur le support livre. • Rappeler le début d'une histoire lue par l'enseignant, éventuellement par épisodes. • Raconter une histoire connue en s'appuyant sur la succession des illustrations. • Restituer la trame narrative d'une histoire connue avec un support visuel (utiliser des phrases simples et le passé composé). • Nommer les personnages, les lieux d'une histoire connue.
• Évoquer des moments vécus en classe avec un support visuel et avec l'aide de l'enseignant. • Reformuler ces moments toujours avec l'aide de l'adulte.	• Dicter à l'adulte différents types de textes, en individuel. • Les transformer éventuellement en les comparant à d'autres phases. • Vérifier la cohérence logique et chronologique du texte en utilisant les connecteurs. • Dans le cadre du projet d'écriture, utiliser la mise en page adaptée.
• Verbaliser le tracé des lettres écrites en capitales par l'enseignant(e). • Utiliser le nom des lettres. • Essayer de les reproduire (choisir le prénom de l'enfant).	• Comparer l'écriture de son prénom et de son nom écrit dans les 3 écritures. • Jouer avec les prénoms, les mots de la classe. • Repérer l'initiale de son prénom et la nommer. • Reconnaître et nommer des lettres des mots.
• Comparer l'écriture de son prénom sur son étiquette écrit avec les trois écritures. • Essayer d'écrire son prénom avec son étiquette dans l'écriture qui lui convient. • Écrire son prénom avec l'aide d'un clavier.	• Copier les mots à l'aide d'un clavier. • Les copier avec modèle. • Essayer sans modèle dans l'écriture dans laquelle on est le plus à l'aise.
• Laisser l'enfant inventer des systèmes d'écriture avec les lettres entendues et reconnues.	• Copier un mot. • Chercher comment on peut l'écrire. • Produire un mot avec des lettres connues.

Grande section	Ce qui est attendu des enfants en fin de maternelle
• Être attentif aux lectures faites par l'enseignant. • Savoir identifier le type de textes : poèmes, récits, documentaires, textes dialogués. • Écouter des histoires adaptées à son âge de plus en plus longues et complexes. • Donner son avis sur une histoire. • Caractériser une histoire par l'émotion ressentie et les mettre en rapport avec les éléments qui la justifient. • Comparer deux histoires et justifier sa préférence.	• **Comprendre des textes écrits sans autre aide que le langage entendu.**
• S'appuyer sur sa culture littéraire pour rentrer dans un débat : comparaison, interprétation, critique des œuvres lues et entendues dans la classe. • Participer à une conversation en restant dans le sujet de l'échange. • Justifier en utilisant à bon escient « parce que ». • Restituer la trame narrative d'une histoire connue sans support visuel. • Redire des phrases entières de l'histoire. • Essayer d'anticiper la suite.	• **Manifester de la curiosité par rapport à l'écrit. Pouvoir redire les mots d'une phrase écrite après sa lecture par l'adulte, les mots du titre connu d'un livre ou d'un texte.**
• Dire, décrire, expliquer après avoir terminé une activité ou un jeu (hors contexte de réalisation). • Dicter à l'adulte différents types de textes. • Leur donner du sens. • Utiliser des outils linguistiques adaptés aux différents types d'écrits. • Décrire le mot que l'on veut écrire, utiliser le nom des lettres pour distinguer ce qui différencient deux mots. • Réinvestir les connaissances acquises pour d'écrire un mot qui n'est pas présent devant eux. • Reformuler pour enrichir ses productions (structure syntaxique, pronoms, connecteurs logiques et cohérence temporelle).	• **Participer verbalement à la production d'un écrit. Savoir qu'on écrit pas comme on parle.**
• Comparer une même phrase écrite avec les trois écritures (cursive, scripte, capitale). • Reconnaître et nommer certaines lettres de l'alphabet. • Connaître le nom des lettres de l'alphabet dans une situation ayant du sens. • Utiliser le clavier de l'ordinateur pour écrire de courts messages.	• **Reconnaître les lettres de l'alphabet et connaître les correspondances entre les trois manières de les écrire : cursive, script, capitales d'imprimerie. Copier à l'aide d'un clavier.**
• Écrire son prénom en cursive avec l'aide de l'enseignant, en situation individuelle. • Écrire son prénom en cursive sans aide. • Écrire son prénom en cursive, sans aide, avec une position correcte.	• **Écrire son prénom en écriture cursive, sans modèle.**
• Copier des mots en capitales d'imprimerie, avec référent, dans un contexte qui a du sens. • Écrire seul un mot simple en se référant au répertoire de mots de la classe.	• **Écrire seul un mot en utilisant des lettres ou groupes de lettres empruntés aux mots connus.**

Programmation annuelle
d'activités en Petite section

L'oral

	Oser entrer en communication	Comprendre et apprendre
Période 1	• Dire bonjour par le biais de petits jeux sollicitant le regard et le geste : jeux de nourrice, jeux de doigts… un enfant seul face à l'enseignant(e), deux enfants face à face, un petit groupe d'enfants avec l'enseignant. Puis introduire des comptines courtes, à faire répéter ensemble. • Utiliser différents signes de salut : poignée de main, accolade, bise, caresse, clin d'œil… • Commenter sa photo de présence. Reconnaître les photos d'autres enfants. • Entrer en relation avec le maître ou l'ATSEM à l'occasion des différents moments (accueil, hygiène). • Utiliser la médiation d'une marotte ou d'une marionnette pour amener l'enfant à parler de lui à la première personne.	• Savoir s'arrêter pour écouter la consigne donnée. • Se repérer dans la classe, dans la cour de récréation, dans l'école en faisant des promenades, en prenant des repères et en rencontrant les adultes de l'école.
Période 2	• Jouer à des jeux de devinettes, de « Jacques a dit ». • Pratiquer la communication « à distance » à l'aide d'un téléphone. • Mimer et associer gestuelles et paroles. • S'exprimer de façon compréhensible. • Dans les regroupements, présenter son cahier de vie. • Parler d'un événement marquant (en début d'année en relation duelle avec l'adulte, puis progressivement avec dans un groupe d'enfants). ▸ **Panique au coin dinette.** • Dialoguer (moments d'habillage…), enrichir le lexique.	• Prendre conscience de soi par rapport à un petit groupe (par le biais de photos). • Examiner les photos ou un film et questionner : « Que fait Tom à ce moment là ?... » • Jeu de Kim : retrouver au toucher des objets mis dans un sac. ▸ **Raconter l'histoire.** p. 110-111 • Raconter l'histoire du jour à une poupée, une peluche. • Commenter en les mimant les scènes de vie de la vie quotidienne (habillage / déshabillage / repas…).
Période 3	• Prendre la parole à tour de rôle. • Donner son prénom à l'appel. • Formuler correctement une aide, une sollicitation (y associer les règles de politesse).	• Raconter pour toute la classe des activités physiques vécues. • Remettre en ordre l'activité grâce à des photos. • Situer et déplacer des objets par rapport à soi : retrouver l'objet caché, distinguer l'endroit de l'envers (ses vêtements, ceux de la poupée ou de la nappe du coin dinette).
Période 4	• Demander ce dont on a besoin dans la vie courante, à un adulte, à un camarade. • Répondre à des questions ouvertes avec le vocabulaire approprié. • Demander ce dont on a besoin dans les activités de la classe. • Mettre l'enfant dans l'obligation de faire la demande d'un élément de jeu.	• Réaliser des référents lexicaux de classe : couleur, instruments de musique simples. • Construire avec les enfants une affiche expliquant les règles de la classe, de l'école de la cour. • Se repérer dans l'école : jeu du détective, reconstitution d'une promenade.
Période 5	• Utiliser le pronom « je » pour parler de soi. • Au moment du rituel de l'appel, inciter l'enfant à répondre « Je suis là », « Je m'appelle… », « Je suis un garçon », puis plus tard « Je suis présent ». • Répondre aux sollicitations de l'adulte en se faisant comprendre : raconter ce qu'on a fait la veille, ce qu'on a mangé, en s'aidant de la mascotte : « Hier, j'ai… ». • Se faire comprendre pour les besoins de la vie scolaire : demander un matériel précis lors d'un atelier, du goûter, de l'habillage...	• Résoudre un problème donné par l'enseignant en cherchant de multiples solutions : « Qu'est-ce qui flotte ? », « Combien de bougies mettre sur le gâteau de Pierre-Olivier qui a 4 ans ? » • Inventer des consignes de déplacement. • Énoncer des consignes de rangement dans la classe. • Raconter une sortie, un événement vécu collectivement en employant le passé composé: « On est allé au marché ».

Échanger et réfléchir avec les autres	Commencer à réfléchir sur la langue et acquérir une conscience phonologique
Jouer dans les « coins-jeux » avec l'enseignant, avec d'autres enfants. Avant chaque activité, observer les objets utilisés dans le cadre de différentes activités. Nommer ces objets, les désigner à la demande, en expliquer et montrer l'usage.	• Écouter et redire des comptines simples. • Commencer à les apprendre. • Apprendre des comptines pour se saluer.
Formuler son action personnelle dans une activité de petit groupe de deux ou trois élèves : expliquer, décrire ce que l'on a construit dans le coin jeu de construction. Commencer à être autonome dans le coin créatif tout en sachant solliciter le matériel nécessaire. Décrire un objet simple, une situation vécue, une action simple.	• Commencer à pouvoir redire des comptines simples. • Frapper le rythme des comptines avec les mains, avec les pieds, avec l'aide d'un tambourin, sur d'autres instruments de percussion. • Dire ce qu'on aime /n'aime pas, dire ses préférences (lors de la semaine du goût par exemple).
Décrire des photos d'activités au groupe. Parler d'un événement marquant du cahier de vie. Jouer à la bonne image : trouver une image à partir d'indices verbaux (identifier et sélectionner les informations entendues).	• Écouter et redire des comptines simples comportant des rimes. • Commencer à scander les prénoms de la classe.
Raconter une action vécue personnellement. Jouer dans les « coins » de la classe avec l'enseignant qui fait verbaliser l'enfant sur ses actions (transvasement, jeu de Kim, puzzle, dinette...). Jouer et créer des échanges lors de jeux à règles. Comprendre et appliquer une règle de jeux simple.	• Jouer au jeu de l'écho : répéter la dernière syllabe d'un prénom ou nom connu (Emma-ma, partir-tir, couteau-teau). • Jeu de catégorisation : regrouper des objets d'après une propriété proposée, une propriété déterminée ensemble (manipuler dans les coins jeux et effectuer des tris par catégorie).
Constituer des boîtes de cartes illustrées dans le but de fabriquer des imagiers. Commencer à prendre sa place dans les échanges collectifs. Expliquer ses actions, son ressenti lors d'un atelier, de la récréation, d'une sortie, à l'aide de photos.	• Redire après l'enseignant(e) des mots « difficiles » ou des mots inventés de 3 ou 4 syllabes en articulant correctement (animaux préhistoriques, Nabuchodonosor...).

Programmation annuelle d'activités en Moyenne section

L'oral

	Oser entrer en communication	Comprendre et apprendre
Période 1	• Utiliser les formules de politesse d'usage envers les adultes ou les enfants. Jouer à dire bonjour et merci (aux poupées…). • Réciter des poésies simples. • Jouer au téléphone. • S'exprimer lors des rituels. • Jeux du portrait : dessiner selon les indications un portrait, un paysage…	• Élaborer le calendrier des anniversaires de la classe. • Décrire au hasard des projets : une image, une illustration d'album, une affiche, une œuvre d'art, une image de journal… • Faire des lectures d'images.
Période 2	• Apprendre le classement de la BCD : chercher des livres ou des documents en rapport avec un projet. • Décrire des photos en commençant par une phrase simple puis en l'enrichissant par des compléments (lieu, couleur, compléments de temps…).	• Repérer des points communs entre les textes lus par l'enseignant (personnages, structure du conte). • Différencier un livre documentaire d'un album. • Dire ce qu'on a appris dans le livre documentaire. • Décrire le matériel des activités physiques, les actions, les gestes. ▸ **Découvrir un texte documentaire.** p. 112-113
Période 3	• Faire voyager le livre : installer un système de prêt entre la maison et la BCD. • Énoncer les règles de vie de classe.	• Écouter puis raconter des contes simples du patrimoine (à prolonger tout au long de l'école maternelle). • Réaliser tris et classements de formes géométriques. • Étudier une couverture de livre, sa quatrième (dans son intégralité ou dévoilée progressivement).
Période 4	• Employer les formules de politesse dans le coin marchand. • Faire dialoguer deux marionnettes sur la vie de la classe, un projet, une activité.	• Comprendre et appliquer une règle de jeu de plus en plus complexe. • Proposer une ou deux consignes pour réaliser une tâche. • Réaliser des tris et nommer du matériel de bricolage. • Réaliser un imagier. • Créer une trame de réseaux littéraires permettant des comparaisons (auteur, thème, structure).
Période 5	• Commenter des images séquentielles en employant des connecteurs temporels.	• Imaginer la suite d'une histoire lancée par un groupe ou un enfant : « cette nuit, je suis allé au pays des dinosaures… » • Concevoir et réaliser un jeu sur un thème déterminé à la manière d'un jeu de l'oie, d'un jeu des petits chevaux…

Échanger et réfléchir avec les autres	Commencer à réfléchir sur la langue et acquérir une conscience phonologique
• Nommer des objets et dire à quel coin de la classe ils appartiennent. • Décrire un objet, une situation, des actions qui concernent les activités physiques, plastiques, ou l'exploration du monde.	• Répéter, puis trouver des mots avec des oppositions de phonèmes : papa/pipi, dodo/doudou… • Scander des syllabes de mots, de phrases, de comptines. • Apprendre à dire « Bonjour » et « Au revoir » dans une autre langue. • S'il y a des enfants sourds dans la classe, se familiariser toute l'année avec la langue des signes pour pouvoir communiquer avec eux.
• Apprendre à poser des questions lorsqu'on ne comprend pas un mot, un passage, le rôle d'un personnage, la fin de l'histoire (repasser par la marotte, faire des jeux de scène entre les enfants en amont de l'histoire racontée). • Expliquer le travail effectué lors d'un atelier ou au sein d'u projet. • Décrire, questionner autour d'un élevage.	• Repérer des drôles de mots dans une phrase. • Repérer une syllabe commune à plusieurs mots (en finale). • Écouter et apprendre en les prononçant correctement des comptines très simples favorisant l'acquisition de la conscience des sons (par exemple à partir de l'ouvrage *Dans mon corbillon*, P. Lequeux, Bordas). • Écouter des comptines et des chants dans une autre langue (chants de Noël).
• Expliquer l'utilisation d'un objet technologique. • Lire une histoire, trouver son titre parmi plusieurs et le justifier. • Acquérir du vocabulaire par des activités simples : – recettes de cuisine ; – bain de la poupée… • Questionner pour deviner une œuvre d'art dévoilée progressivement.	• Répondre à une question par une structure imposée. • Apprendre des petits textes contenant des consonances proches ou difficiles à prononcer : « les chaussettes de l'archiduchesse… » • Dire « Merci » dans une langue et quelques autres mots du langage courant.
• Jeux de classements, rechercher les consignes qui permettent ces classements. • Nommer les actions successives d'hygiène de la journée. • Justifier la recherche et la découverte d'intrus dans une collection. • À partir du journal « Le Petit quotidien », émettre des hypothèses, justifier son point de vue en acceptant celui des autres ; savoir le faire évoluer en fonction des apports des autres.	• Allonger des phrases : le bateau – le grand bateau – le grand bateau blanc – le grand bateau blanc part – le grand bateau blanc part sur la mer… • Scander les syllabes de mots, de phrases ou de courts textes. • Apprendre quelques comptines et chants dans une autre langue.
• Expliquer les émotions ressenties en disant un poème ; les expliquer. • Au cours d'un jeu collectif, faire un arrêt et décrire les positions de chacun ; se questionner sur l'efficacité de l'équipe. • Formuler des hypothèses sur des actions dangereuses.	• Repérer des syllabes identiques dans des mots. • Trouver des mots avec une syllabe donnée. • Trouver des mots qui riment. • Réaliser le carnet de bord d'un projet artistique ou culturel par dictée à l'adulte avec images et textes. • Répéter les mots, les comptines et les chants appris dans une autre langue.

Programmation annuelle
d'activités en Grande section

L'oral

	Oser entrer en communication	Comprendre et apprendre
Période 1	• Jouer au jeu du portrait : « dessine un point dans le rond... des formes géométriques ». • Introduire des verbes de consignes plus ciblés : poser, coller, faire une ligne, tirer un trait... • Repérer des drôles de mots dans une phrase.	• Reformuler une histoire sans support alors qu'un petit groupe possède les illustrations, disposent des images dans l'ordre chronologique sous la « dictée » et valident avec l'album en retour. • Présenter une histoire connue au reste du groupe.
Période 2	• Faire voyager les livres de la BCD de l'école : redire l'histoire en classe après l'avoir lue à la maison avec les parents. • Jouer au jeu de la marchande. • Réciter les comptines devant les parents à l'occasion de la fête de Noël.	• Expliquer une règle de jeu à ses camarades. • Omettre un passage dans une histoire lue et connue des enfants, puis leur faire retrouver. • Modifier une histoire. • Modifier la fin d'une histoire. • Faire un projet de découverte sensorielle sur les épices (cuisine exotique avec l'aide des parents). • Diriger un atelier, un jeu.
Période 3	• Dans un atelier, demander ce qu'il manque avec précision. • Poursuivre une poésie en imaginant d'autres vers.	• Exécuter les consignes dictées par un autre enfant dans un jeu interactif. • Profiter du carnaval pour suivre les personnages secondaires d'une histoire et revivre celle-ci à travers leurs réactions (changement de point de vue).
Période 4	• Utiliser le référentiel des consignes scolaires (coller, découper, colorier, entourer...). • Utiliser les verbes d'action dans la salle de jeux pour chacune des actions proposées : courir, ramper, sautiller, grimper...	• Choisir le meilleur résumé de l'histoire parmi plusieurs et justifier. • Raconter une histoire sous contraintes, à partir de supports imagés tirés au hasard : personnages, verbes d'action, lieux.
Période 5	• Réciter des poésies et des comptines lors de la rencontre avec les classes de CP.	• Lire une histoire : trouver un titre et justifier.

Échanger et réfléchir avec les autres	Commencer à réfléchir sur la langue et acquérir une conscience phonologique
xpliquer l'utilisation d'un objet technologique. écouvrir la pyramide des aliments pendant la semaine du goût.	• Reprendre les comptines de MS favorisant l'acquisition de sons. Commencer à en apprendre de nouvelles. • Jouer à différents jeux de rimes (corbillon, comptines sur les prénoms…). • Reprendre les comptines apprises dans une autre langue en MS. • S'il y a des enfants sourds dans la classe, se familiariser toute l'année avec la langue des signes pour pouvoir communiquer avec eux.
echercher les consignes qui permettent des classements. pprendre à poser des questions lorsqu'on ne comprend pas un ot, un passage, le rôle d'un personnage, la fin de l'histoire. ustifier la nécessité et le respect des règles de vie.	• Décrire une photo en commençant par une phrase simple, puis ajouter des adjectifs, des compléments de lieux et de temps. • Distinguer et répéter des mots dans une phrase. • Rythmer les syllabes orales des comptines, de mots connus. • Distinguer mot et syllabe. Compter oralement les syllabes d'un mot. • Entendre les mots qui désignent les objets de la vie quotidienne dans une autre langue. • Les répéter. ▸ **Utiliser des comptines,** pp. 114-115
etrouver les consignes possibles pour la réalisation de cette âche. xpliquer les actions à accomplir dans un atelier d'activités physiques.	• Manipuler les syllabes : enlever, ajouter une syllabe à des mots connus, modifier l'ordre des syllabes. • Percevoir une syllabe identique dans plusieurs mots et situer sa position. • Entendre des consignes simples dans une autre langue ; s'efforcer de la comprendre grâce au contexte..
xpliquer le travail fait dans la journée. ouer avec la valise du docteur : les problèmes de l'hygiène.	• Identifier un phonème simple dans un prénom, un mot (« On entend "o" dans Odile et Auguste »). • Jouer au jeu des synonymes et des contraires : « Peux-tu expliquer avec d'autres mots ? » ; « Qui connaît un mot qui veut dire presque la même chose ? » (bateau, navire, embarcation, canot…). • Chercher les définitions. • Faire une recette de cuisine dans une autre langue. • Proposer une phrase employant un mot nouveau, le réutiliser dans un autre contexte.
xposer un projet aux autres élèves de l'école, aux adultes, avant, endant, et après sa réalisation (affichage, jeux, lettre, oralement).	• Catégoriser les poésies apprises (les thématiques, les contraires…) dans un but de transmission au CP. • Jouer avec quelques consonnes simples (s, f, j, v, z,l, r…) • Regarder un petit film dans une langue étrangère. Expliquer ce qu'on en a compris.

Programmation annuelle
d'activités en Petite section

L'écrit

	Écouter de l'écrit et comprendre	Découvrir la fonction de l'écrit
Période 1	• Écouter des histoires lues par l'enseignant (avec ou sans images). • Répondre à des questions simples pour manifester sa compréhension.	• Reconnaître son prénom avec l'aide de la photo (étiquette de présence, portemanteau et autres supports). • Manipuler des documents variés dans le coin bibliothèque. • Découvrir des albums simples.
Période 2	• Repérer des albums autour du thème de Noël. • Décrire les couvertures pour justifier. • En écoutant l'histoire racontée ou lue par le maître : – reconnaître les personnages récurrents, les caractériser brièvement ; – suivre les déplacements du personnage principal sur les images. • Remettre les images de l'histoire dans l'ordre chronologique.	• Distinguer image et texte dans les albums. • Mettre en place le cahier de vie. • Mettre en relation un album et sa couverture. • Décrire une affiche à l'occasion d'un événement de la classe : le spectacle de Noël.
Période 3	• Reformuler une histoire racontée par l'enseignant en respectant les enchainements logiques, la chronologie (avec ou sans illustration). • Retrouver dans la BCD l'album racontant l'histoire. • Écouter des poèmes courts. • Repérer des mots amusants.	• Prendre des indices pour repérer un album à la BCD.
Période 4	• Proposer des livres documentaires : – reformuler les informations ; – les trier ; – utiliser un vocabulaire spécifique.	• Reconnaître son prénom sans l'aide de la photo sur l'étiquette de présence, du portemanteau, puis sur d'autres supports.
Période 5	• Chercher les personnages illustrés sur la couverture d'un album et leur inventer une autre histoire. • Remplacer les personnages du livre par d'autres pris dans d'autres livres. • Introduire des personnages de la vie quotidienne ou des personnages imaginaires. • Raconter l'histoire.	• Reconnaître des prénoms de quelques enfants de la classe.

Commencer à produire des écrits et en découvrir le fonctionnement	Découvrir le principe alphabétique	Commencer à écrire tout seul
	• Montrer les étiquettes des prénoms des enfants en les prononçant, dans différents lieux (coin regroupement, vestiaire, casiers de rangement).	• Sur grands formats et espaces graphiques : réaliser des gestes continus, longs dans la durée. • Remplir une surface avec différents outils. • Remplir des formes contextualisées.
Raconter en petit groupe un moment simple de la vie de classe (ce qu'on a mangé au goûter, le déroulement d'un jeu, comment on a fait une peinture…) et le dicter à l'enseignant(e) pour les parents.	• Regarder les comptines écrites sur des supports assez grands. • Balayer du regard l'écrit des comptines en les disant.	• Sur grand format, faire rouler une petite voiture trempée dans la peinture. • Tracer des lignes droites verticales, horizontales avec différents outils trempés dans des matières diverses. • Réaliser des quadrillages. • Coller des bandes verticales et horizontales, puis en quadrillage sur des formats plus petits. • À partir d'une gommette, réaliser des traits rayonnants. • Relier deux gommettes.
Raconter une histoire en utilisant une phrase simple pour l'illustrer. Désigner les personnages. Décrire l'espace de déroulement de l'histoire. Décrire les actions des personnages, puis dicter la phrase à l'enseignant(e) pour le cahier de vie la phrase dans le cahier de vie.	• Produire de l'écrit avec les enfants en disant ce qu'on écrit : une invitation pour la classe voisine, un mot pour les parents, une demande à la directrice…	• Sur grand format : relier des points avec des matières et outils divers. • Tracer des lignes brisées en se guidant sur des points. • Faire des traces de ronds. • Faire des collages de ronds prédécoupés. • Peindre à l'intérieur de formes rondes. • Tracer des cercles en utilisant des gabarits. • Tracer des cercles à main levée dans le bon sens de rotation en étant guidé.
Associer les photos d'un enfant et de son doudou pour fabriquer un livre collectif : imaginer que c'est la poupée qui possède un doudou. Commenter de quelques phrases imaginées par l'enfant.	• Reconnaître quelques lettres de l'alphabet (celles de son prénom) dans les trois écritures.	• Réaliser des spirales en étant guidé. • Tracer son prénom en majuscules en étant accompagné. • Veiller à la bonne tenue du crayon et l'assise correcte.
Fabriquer l'album de la classe (en collaboration avec les parents) : une page par élève et des photos de l'enfant et de sa famille ; chacun présente sa famille puis l'album est laissé accessible. Prendre des photos lors d'une activité : inciter les enfants à les légender en les questionnant, transformant l'oral en écrit avec l'aide de l'enseignant(e).	• Reconnaître quelques lettres de l'alphabet dans les titres des albums de la bibliothèque de la classe.	• Continuer à s'entrainer à écrire son prénom. – Signer ses dessins. – Réaliser un petit cahier de graphisme pour chacun des enfants. – Réduire progressivement les formats individuellement.

Programmation annuelle
d'activités en Moyenne section

L'écrit

	Écouter de l'écrit et comprendre	Découvrir la fonction de l'écrit
Période 1	• Écouter, commenter la lecture d'albums et de contes ayant un vocabulaire et une syntaxe plus soutenue qu'en PS. • Identifier et caractériser les personnages récurrents, les lieux. • Rappeler les débuts d'une histoire lue par épisodes.	• S'approprier le coin bibliothèque de la classe (ranger, trouver un album à la demande) • Prendre des indices pour reconnaître des couvertures de livres, la pagination, formuler des hypothèses sur leur contenu. • Identifier le support correspondant à une comptine (cahier, fiche plastifiée…). • Reconnaître son prénom et ceux de ses camarades en majuscules et en cursives.
Période 2	• Décrire la construction d'un objet pour que d'autres élèves puissent le construire. • Raconter l'histoire du spectacle de Noël.	• Apprendre le classement de la BCD : chercher des livres ou des documents en rapport avec un projet. • Découvrir les messages électroniques type SMS sur le téléphone, et les mails sur l'ordinateur.
Période 3	• Décrire un parcours d'activités physiques pour que d'autres enfants puissent l'exécuter. • Exploiter un imagier mettant l'accent sur des actions.	• Commenter les affichages de la classe. • Reconnaître par l'image les ustensiles, les ingrédients, et le déroulement d'une recette. • Comparer un message SMS et un message sur ordinateur ou tablette, lu par l'enseignant(e).
Période 4	• Émettre des hypothèses sur la suite d'une histoire.	• Observer des dépliants ou des revues documentaires ; comprendre leur usage. • Commencer à utiliser les messages électroniques sur l'ordinateur ou la tablette.
Période 5	• S'attacher dans les histoires et dans les documentaires au passage du temps et repérer à quel moment se situe tel ou tel événement (jour, semaine, saison).	• Observer, commenter des cartes postales recto/verso.

Commencer à produire des écrits et en découvrir le fonctionnement	Découvrir le principe alphabétique	Commencer à écrire tout seul
Commencer à fabriquer un cahier de comptines ou bien continuer celui de PS. Légender des photos en utilisant des phrases simples : « je peux sauter cet obstacle… », « je ne peux pas… » Faire une affiche des règles de la vie de classe en dictée à l'adulte.	• Écouter et redire des comptines simples avec rimes, assonances. • Repérer, répéter le « bruit » des voyelles et de consonnes à partir des prénoms. • Feuilleter des imagiers et repérer les noms des images représentées. • Les énoncer (jeu de Kim visuel).	• Continuer toutes les activités de graphisme commencées en PS. • Passer au format A4. • Tracer des lignes verticales, horizontales. • Tracer des quadrillages. • Écrire son prénom en capitales d'imprimerie, et en même temps en cursives avec un modèle. ▸ **Je signe mes productions.**
Inviter la classe voisine pour le goûter de Noël : fabriquer une carte d'invitation après en avoir observé quelques-unes.	• Distinguer les mots dans une comptine, une phrase par des frappés. • Compter les syllabes d'un mot familier.	• Tracer des traits rayonnants. • Relier deux points. • Tracer des lignes droites obliques, des lignes brisées. • Reconnaître certaines lettres à partir des prénoms.
Écrire une recette. Ouvrir un cahier de recettes : comparer plusieurs livres de recettes. Décrire des dessins d'enfants en commençant par une phrase simple puis en y ajoutant des compléments de lieu, des adjectifs (de couleur…), des compléments (de temps…), pour arriver à une phrase plus longue. Fabriquer un imagier à partir de photographies réalisées par l'enseignant et les enfants en activités physiques	• Reconnaître certaines lettres de l'alphabet à partir des prénoms. • Retrouver une comptine dans le livre des comptines en prenant des indices de longueur du texte. • Suivre du doigt le texte de la comptine lorsqu'un autre la récite. • Retrouver dans une comptine des mots manquants : « Polichinelle …. à l'échelle » • Le mimer dans un premier temps., puis le mémoriser petit à petit. • Segmenter un titre d'album en syllabes.	• Coder la règle d'un jeu sous forme de schéma. • Tracer des cercles, travailler la rotation dans le sens du O, verbaliser le tracé. • Tracer des cannes en cure-pipe dans plusieurs sens. • Tracer des vagues. Des ponts. • Tracer des spirales en respectant l'espace, la continuité et le sens du tracé. • Dès que possible, écrire son prénom en capitales d'imprimerie, en même temps en cursives avec un modèle. • Écrire des mots simples à la demande de l'enseignant : personnages, objets…
Écrire un journal hebdomadaire de la classe avec les moments forts de la semaine. Dicter des comptes rendus des moments forts de la vie de la classe : un nouveau parcours d'activités physiques, un spectacle, un anniversaire… Fabriquer un livre documentaire à partir des plantations de la classe, ou de la vie de l'élevage.	• Inventer des comptines rimées. • Jouer à l'écho (répéter la dernière syllabe : Margault-gault, lapin-pin ou bien la première syllabe doublée : la-lapin). • Repérer la place d'une syllabe dans un mot. • Substituer des mots dans un titre d'album : – Les 3 brigands – Les 2 brigands – Les 3 enfants – Les 3 gentils…	• Dessiner les boucles sur de grands formats, sur une piste graphique. • Puis, lorsque c'est possible, réduire les formats. • Écrire son prénom sur une ligne en capitales d'imprimerie et en cursives. • S'exercer à reconnaître de plus en plus de lettres de l'alphabet dans les trois écritures. • Discuter avec l'enfant sur tous les essais d'écriture.
Inventer des consignes pour : – reproduire un dessin, un motif graphique ; – réaliser un objet (fiche de fabrication d'un objet)…	• Inventer des mots en répétant, en ajoutant ou supprimant des syllabes : cho-choco-lat ; choco-colat ; cho-lat… • S'essayer aux « mots valise » : marabout, bout de ficelle…	• Écrire d'autres prénoms de la classe, des mots. • Revenir sur ces essais.

Programmation annuelle
d'activités en Grande section

L'écrit

	Écouter de l'écrit et comprendre	Découvrir la fonction de l'écrit
Période 1	• Reconnaître des albums déjà connus (vus et étudiés en PS et en MS). • Retrouver le déroulement du récit dans les textes lus par l'enseignant. • Poser des questions, aux autres enfants ou à l'enseignant, pour affermir la compréhension du texte. • Connaître différentes versions d'un conte : les raconter, les comparer. • Émettre des hypothèses sur la couverture du livre, sur des images du livre, sur la page suivante, sur la suite de l'histoire… Après lecture, valider les hypothèses émises par des retours au texte. • Aller chercher un livre documentaire pour répondre aux questions que les enfants se posent.	• Identifier le rôle du cahier de vie et des cahiers de comptines, graphismes, poèmes… faits dans en PS et en MS : l'écrit mémoire. • Les utiliser. (en les transmettant, en racontant ce qu'ils contiennent, en récitant les poèmes, en disant les comptines, en réinvestissant les graphismes. • Faire des classements dans les écrits fonctionnels rencontrés : tableaux, fiches de prêt BCD, calendriers, catalogues, cartes de vœux, d'anniversaire, postales, recettes…
Période 2	• Mettre en réseau plusieurs albums ayant pour thème Noël. • Y adjoindre des documentaires (fabrication de décorations, recettes de gâteaux et friandises…). • Mettre en regard une illustration dans un album avec une œuvre d'art à laquelle elle peut être apparentée.	• Observer les icônes les plus courantes sur un écran, les décoder. • Observer une page Internet ; distinguer ses différentes composantes. • À l'occasion d'un projet (parcours de sécurité routière dans la cour), s'intéresser aux écrits de la rue : enseignes, plaques…
Période 3	• Faire des réseaux d'albums sur le carnaval, sur les déguisements. • Décrire sur les illustrations des positions relatives et des déplacements : décrire le parcours du héros.	• Découvrir une fiche technique : faire la relation texte/schéma.
Période 4	• Étendre la notion de réseau d'albums aux auteurs, aux illustrateurs.	• Décrire une activité ou un jeu en respectant la chronologie, en utilisant des connecteurs logiques variés, en expliquant l'objectif.
Période 5	• Exprimer ses émotions à partir d'albums lus. • Analyser et comprendre les sentiments des différents personnages rencontrés.	• Participer à un jeu dual dans lequel les enfants ne se voient pas (une position, un dessin, un empilement de cubes….) à faire reproduire. • Comprendre les positions respectives des objets.

Commencer à produire des écrits et en découvrir le fonctionnement	Découvrir le principe alphabétique	Commencer à écrire tout seul
• Dicter une phrase à l'adulte pour le cahier de vie, en enrichissant son premier jet (adjectif, complément…). • Élaborer une recette de cuisine et la dicter à l'enseignant. • Faire la liste des responsabilités et des enfants qui les assument. • Légender un dessin, une photo, en utilisant un vocabulaire précis. • Dans le domaine « Explorer le monde », élaborer par écrit des hypothèses sur une question posée. L'enseignant note les suggestions et les moyens d'arriver à la réponse.	• Reprendre les activités de la MS. • Laisser les enfants découvrir les analogies entre les mots : maman, mardi, marie, mars… • Les laisser écrire s'ils en éprouvent le besoin. • Retrouver son prénom dans une liste. • Retrouver son prénom dans les trois écritures. • Localiser un mot dans la chaine parlée.	• Installer un coin d'écriture dès le début de l'année et l'aménager au fil des semaines avec les écrits de la classe et des documents issus de la vie de la classe. • Dans les trois écritures : écrire son prénom, celui d'autres enfants, des intervenants. • Commencer à écrire son nom de famille. • Écrire son prénom et celui des autres sur l'ordinateur. • Changer les polices de caractères. • Reconstituer l'alphabet grâce aux lettres reconnues depuis la MS. • S'exercer à reconnaître toutes les lettres de l'alphabet dans les trois écritures.
• Établir une fiche d'identité des personnages d'une l'histoire dictée à l'adulte : caractéristiques physiques et/ou morales, puis enrichir les données. • Dessiner les personnages principaux. • Écrire la règle d'un jeu de société. En créer une autre. • Rédiger une carte de vœux (aux les parents, à des correspondants).	• Jouer avec les lettres (loto des lettres, domino des lettres, Kim visuels…). • Retrouver les lettres de son prénom dans une grille de lettres. • Retrouver les mots de la semaine dans la grille de lettres. • Connaître la comptine de l'alphabet.	• Copier sur le traitement de texte des mots ou de courtes phrases élaborées ensemble, (phrases de comptines, titres d'albums, écrits de la classe). • S'essayer à l'écriture. • Avoir envie de dire quelque chose • Prendre des indices sur des mots déjà vus pour écrire un mot. ▸ **Être grand, c'est savoir lire et écrire.** léa.fr
• Réaliser un Abécédaire collectif. • À partir d'un texte documentaire court : dessiner l'animal ou la plante décrite, comparer et verbaliser les productions.	• Remplacer à l'oral des mots de la poésie en gardant la rime et le sens. • Ordonner des lettres données en respectant le sens de l'écriture. • Retrouver une lettre, un groupe de lettres, un mot court dans plusieurs supports différents.	• Proposer des mots à encoder (mots choisis par les enfants). • Donner un nom à l'Abécédaire. • L'écrire. • Donner un nom à l'histoire inventée. • L'écrire.
• Créer des imagiers à partir des albums étudiés en classe. • Placer dans l'ordre des images séquentielles qui reprennent le développement d'un être vivant et vérifier après discussion dans des ouvrages documentaires.	• Inventer des comptines « à la manière de… » • Associer des mots identiques en système d'écriture différents (script, cursives, capitales). • Classer des mots courants de la classe et/ou les prénoms par ordre alphabétique, par syllabes d'attaque similaires.	• Raconter une sortie par une phrase. • Donner un nom à la dernière aventure de son héros d'album préféré. • L'écrire.
• Élaborer le bilan quotidien (ou hebdomadaire) et l'écrire dans le journal de classe en le dictant à l'adulte. • Décrire les progrès réalisés : à la piscine, dans les activités physiques… • Écrire une invitation aux parents pour la fête de fin d'année.	• Reconnaître des signes distinctifs (accents, trémas, traits d'union, longueur du mot). • Former un nouveau mot par ajout ou suppression de lettres. • Mémoriser l'ordre des syllabes et des lettres des mots courants (prénoms, jours de la semaine, mois…).	• Laisser les enfants raconter une histoire par écrit. • Écrire une invitation.

2 Agir, s'exprimer, comprendre à travers les activités physiques

À la création des écoles maternelles et sous l'influence de Pauline Kergomard, Inspectrice générale des Écoles maternelles, on souligne déjà **« l'importance des sens et du mouvement » pour le développement de l'intelligence**.
Tout au long de la publication des différents programmes pour l'école maternelle, le rôle du corps n'a jamais été négligé.

Il est placé en seconde place, tout de suite après le langage. Le programme invite les enseignants à pratiquer des activités physiques sur une durée quotidienne de 30 à 45 minutes ce qui garantit une véritable exploration et permet des conquêtes motrices significatives. Les nouvelles expériences corporelles « sont l'occasion pour les enfants d'éprouver des émotions, des sensations nouvelles, en même temps qu'elles mobilisent, stimulent et enrichissent leur imaginaire. » *BO* spécial n° 2 du 26 mars 2015.
Il est souhaitable de répartir les **quatre objectifs des activités physiques** sur la semaine (voir propositions d'emploi du temps pages 148 et suivantes) :
- Agir dans l'espace, dans la durée et sur les objets ;
- Adapter des équilibres et ses déplacements à des déplacements ou des contraintes variées ;
- Communiquer avec les autres au travers d'actions à visée expressive ou artistique ;
- Collaborer, coopérer, s'opposer.

Le rôle de l'enseignant(e) est essentiel

Il (elle) doit connaître le développement de l'enfant de 2 à 6 ans et les objectifs des activités physiques. En effet, par exemple, un enfant tout petit ne marche pas, il court, ou bien jusqu'à environ 4 ans un enfant ne monte pas les escaliers un pied après l'autre, c'est toujours le pied d'appel qui est en avant.

Il (elle) doit tenir compte des lieux et du temps qui lui est imparti dans l'école : il (elle) organise le milieu, aménage les espaces, choisit le matériel, aménage le temps mais peut aussi avoir préparé, au sein de l'équipe pédagogique, les séquences d'activités, la programmation sur la semaine, sur les deux mois...

Il (elle) sait cependant tirer parti des situations naturelles extraordinaires et les exploiter ; il fait évoluer la situation, l'aménagement, relance l'activité.

Il (elle) motive, encourage, incite, laisse de l'initiative et de l'autonomie, redonne des consignes, tout en observant et en notant les progrès réalisés.

Il (elle) doit anticiper : définir les objectifs, organiser et préparer la salle et le matériel avant l'arrivée des enfants ou bien les associer (voir emploi du temps PS 2 p. 149).

Il (elle) doit s'assurer de la bonne compréhension des consignes.

Il (elle) peut revenir sur la séance : avec des photos, un film, des résultats (de saut en longueur par exemple, en comparant plusieurs performances d'un même enfant), en construisant la maquette du parcours.

Il (elle) doit observer les aptitudes des enfants à aborder les situations nouvelles et leur comportement : se fixer les moyens d'atteindre l'objectif fixé par lui-même ou l'enseignant(e), trouver ces moyens, trouver les causes de l'échec et y remédier, trouver le désir de se dépasser, trouver les efforts de coopération, le goût de l'initiative, les actions réussies.

Pour cela il (elle) ne doit programmer qu'un seul atelier « prise de risque », l'installer à un endroit stratégique de la salle et se placer à cet endroit-là, afin de pouvoir observer le reste de la salle et l'ensemble des enfants (même s'il (elle) confie d'autres ateliers à d'autres adultes).

Mises en situation

Construire les conduites motrices de l'enfant en l'engageant dans l'action. Progressivement, il prend en compte les résultats de son activité, compare les effets recherchés et les effets obtenus (« *Ma balle a-t-elle atteint sa cible ?* »)
Jouer sur toutes les variables : les composantes de l'acte moteur, le matériel, le milieu, l'espace, le temps, les personnes présentes. Ses compétences sont développées dans des espaces variés, avec ou sans matériel, dans des situations qui ont un sens pour lui et qui permettent un engagement total.

Présenter les consignes d'activités et les consignes de sécurité : le temps de présentation des activités doit être court pour permettre l'entrée dans l'activité. Si celle-ci est organisée en équipes, ces dernières sont décidées en classe et visualisées par des dossards, des chasubles ou des foulards de couleur.
L'essentiel est de permettre à tous les enfants d'agir pendant l'essentiel de la séance. Pour cela éviter les attentes, les embouteillages, les pauses…

Préciser les consignes d'utilisation des ateliers : elles doivent être précises comme se mettre en file indienne pour attendre son tour, ne pas bousculer celui qui est devant, respecter les consignes de passation « *à l'atelier de lancer, 3 essais chacun* », « *revenir à la dernière place quand on a passé son tour* », « *respecter le sens des ateliers* ».

Relaxer les enfants à la fin de la séance en les faisant s'allonger, en faisant des jeux de doigts, sur un fond musical ou sur un mime…
Associer les enfants au démontage et au rangement : les enfants en prennent très vite l'habitude et le réclame dans le calme (dès la petite section).

Particularités de l'objectif « Communiquer avec les autres au travers d'actions à visée expressive ou artistique » : il peut se traiter en classe entière, en jouant sur les déplacements des enfants seuls, par deux, en file indienne… Sur les diverses formations des jeux chantés mais aussi sur la création sur des musiques de toutes sortes qui induisent des marches, des courses, des pas chassés, des allers et retours, des marches avant et des marches arrière sur des lignes fictives…
Il peut se combiner avec le projet de la préparation d'un spectacle au niveau de l'école (travail d'équipe pédagogique).

Éléments de progression
pour l'école maternelle

L'activité physique

Petite section	Moyenne section
• Développer l'envie de courir. • Découvrir les obstacles potentiels d'une course. • Assurer sa trajectoire. • Faire la différence entre la marche et la course. • Expérimenter différentes possibilités d'enjambement. • Expérimenter les lancers de gros objets. • Découvrir le résultat du lancer, tenter de l'améliorer.	• Améliorer la course en travaillant la direction, le départ, le rythme, l'arrivée. • Expérimenter différentes possibilités de sauts. • Parcourir une petite distance en sautant de différentes façons. • Varier les objets à lancer (formes, tailles, poids…). • Varier les cibles. • Varier la distance de lancer. • Varier la hauteur de lancer. • Matérialiser et rendre lisible les niveaux de difficulté.
• Développer de nouveaux équilibres avec prudence mais sans appréhension. • Mettre en jeu de nouvelles conduites motrices (grimper, escalader, ramper…). • Enchaîner une ou deux actions sur un parcours avec des obstacles. Les ajuster.	• Enchainer des comportements moteurs. • Développer d'autres équilibres en utilisant des matériels différents (patins, échasses…). • Expérimenter d'autres modes de déplacements : vélos, draisiennes, tricycles, trottinettes…).
• Explorer un environnement nouveau. • Se déplacer librement dans cet environnement. • Se déplacer avec une consigne dans ce même environnement.	• Se déplacer dans un environnement connu mais transformé. • Complexifier les consignes de repérage.
• Découvrir ses propres possibilités d'improvisation. • Écouter les supports sonores variés fournis. • Se déplacer seul dans l'espace. • Enchaîner une ou deux actions simples. • Savoir les reproduire. • Entrer en relation avec plusieurs enfants par imitation.	• Développer ses propres possibilités d'invention. • Se déplacer à deux ou trois dans l'espace et prendre en compte les déplacements des autres. • Enchaîner l'ensemble des actions des participants.
• Se déplacer tout seul dans un espace. • Accepter de se déplacer à deux. • Se déplacer en petits groupes. • Respecter une règle simple lors d'un jeu chanté.	• Expérimenter des formes de déplacements de plus en plus élaborées. • Chercher à occuper tout l'espace de la salle.
• Installer ou ranger le matériel ensemble avec l'aide du maître. • Commencer à respecter les règles de jeux simples. • Se déplacer de multiples façons dans l'espace. • Transporter sous forme ludique du matériel d'un bout à l'autre de l'espace. • Collaborer dans des actions de déplacements et de transports.	• Installer ou ranger le matériel ensemble en autonomie. • Respecter les règles des jeux proposés. • Enchaîner des jeux dans lesquels existe un antagoniste : poursuivre/s'échapper ; remplir/vider…

Grande section	Ce qui est attendu des enfants en fin de maternelle
• Découvrir la notion de durée d'une course, de sa propre course. • Découvrir et jouer avec la notion de compétition. • Sauter de plus en plus longtemps, sur une plus longue distance. • Sauter de plus en plus haut, et de plus en plus profond. • Mesurer de soi-même la hauteur que l'on veut sauter. • Découvrir la notion de compétition d'abord avec soi-même, puis avec les autres. • Préciser sa trajectoire. • Préciser les cibles ; les rendre plus difficiles selon les réussites. • Allonger la distance de lancer selon les réussites. • Lancer des objets différents et comprendre pourquoi ils se lancent différemment.	• **Courir, sauter, lancer de différentes façons, dans des espaces et avec des matériels variés, dans un but précis.**
• Enchaîner plusieurs actions. • Les ajuster sur un parcours équipé d'obstacles. • Complexifier des parcours et augmenter le nombre d'actions.	• **Ajuster et enchainer ses actions et ses déplacements en fonction d'obstacles à franchir ou de la trajectoire d'objets sur lesquels agir.**
• Découvrir un nouvel environnement. • Se déplacer en prenant des indices. • Faire des allers et retours entre les représentations et les déplacements sur le terrain. • Utiliser des photos, descriptifs, plans, codages… • Découvrir le milieu aquatique : – prendre des repères nouveaux ; – se déplacer avec aisance dans l'eau ; – se déplacer avec des consignes nouvelles.	• **Se déplacer avec aisance dans des environnements variés, naturels ou aménagés.**
• Affirmer ses propres possibilités de création. • Improviser à partir d'éléments fondamentaux du mouvement (se baisser, se lever…). • Construire à plusieurs une courte séance dansée sur une musique ou un rythme, associant deux ou trois mouvements simples. • Connaître et assurer des rôles différents : danseur, spectateur.	• **Construire et conserver une séquence d'actions et de déplacements, en relation avec d'autres partenaires, avec ou sans support musical.**
• Chanter des comptines en se déplaçant. • Se déplacer en harmonie. • Enchaîner des déplacements.	• **Coordonner ses gestes et ses déplacements avec ceux des autres, lors de rondes et jeux chantés.**
• Coopérer avec des partenaires. • S'opposer collectivement à un ou plusieurs adversaires. • Accepter le contact avec l'autre. • S'opposer individuellement à un partenaire dans un jeu de lutte : toucher et déplacer l'adversaire ; se rééquilibrer.	• **Coopérer, exercer des rôles différents et complémentaires, s'opposer, élaborer des stratégies pour viser un but ou un effet commun.**

Programmation annuelle d'activités en Petite section

L'activité physique

Le besoin de mouvement de chacun des enfants est très important. Les programme recommandent une séance quotidienne « de trente à quarante-cinq minutes environ, selon la nature des activités, l'organisation choisie, l'intensité des actions réalisées, le moment dans l'année, les comportements des enfants… ».

	Agir dans l'espace, dans la durée et sur les objets	Adapter ses équilibres et ses déplacements à des environnements ou des contraintes variés
Période 1	• Courir seul dans un espace délimité. • Courir autour du préau dans plusieurs sens. • S'arrêter à un signal. • Enjamber des obstacles très bas comme des bâtons, des coussins, des caissettes… • Lancer des balles en mousse de façon libre. • Lancer des coussins, des balles, dans des cartons. • Marcher en équilibre. • Ramper. • Tourner autour de la cour de récréation. • Enchainer diverses actions sur un parcours simple : marcher, courir, lancer une balle, enjamber un obstacle.	• S'orienter dans l'école. • Se promener en groupe avec le maitre ou la maitresse dans l'école. • Aller porter une lettre à un adulte particulier : la directrice, l'ATSEM, l'enseignant(e) voisin(e)…
Période 2	• Tourner autour de la salle de jeux. • Changer de sens au signal. • Pratiquer des jeux de course dans la cour de récréation, puis dans la salle de jeux. • Courir dans une direction donnée, pour s'échapper d'un endroit particulier. • Lancer différents objets (lourds, légers, durs, mous, gros, petits…). • Lancer loin, dans, sur… • Sauter par dessus, dedans.	• Pratiquer des ateliers de grimper sur des plinthes, des espaliers, des poutres. • Se déplacer en équilibre, se suspendre, se balancer, rouler dans la salle de motricité avec des accessoires variés. • Ramper dans toutes les directions de la salle de jeu. ▸ **Prendre des risques.** p. 116-117
Période 3	• Enchaîner course et marche • Enchaîner et alterner différents types de déplacements (marche comprise) en proposant des rythmes, des organisations d'espace différents (y compris des obstacles). • Courir, rouler, marcher en équilibre. • Se déplacer sans marcher (rouler, ramper, sauter…). • Aménager la salle de motricité avec des possibilités de sauts divers : sauts en profondeur, sauts d'obstacles. • Aménager la salle de motricité avec des possibilités de grimper : sur des espaliers, sur des échelles, sur des poutres, sur des caissettes…	• Aménager la salle de motricité avec des possibilités de grimper. • Dans la cour d'école, conduire un tricycle ou un objet roulant. • Avec le vélo à petites roues : se déplacer d'un bout à l'autre de l'espace, porter quelque chose, faire la course à deux, se déplacer sur un parcours balisé. • Utiliser des patins sur les mêmes parcours. • Porter un objet, lancer en étant sur des patins, puis sur des échasses.
Période 4	• Courir et sauter en franchissant des obstacles (3 à 6 petites haies espacées). • Courir en respectant une trajectoire. • Courir (relativement) longtemps.	• Orientation : suivre un parcours jalonné dans la cour de récréation. • Faire une chasse au trésor dans la cour de récréation.
Période 5	• Courir de différentes façons en adaptant sa trajectoire et sa vitesse à l'espace. • Courir en réagissant rapidement à un signal. • Marcher, courir en alternance. • Sauter loin, sauter vite. • Sauter avec du matériel divers (en le portant, par dessus, dedans…). • Sauter de toutes les manières. • Lancer des balles en mousse sans viser quelque chose. • Lancer de différentes manières pour adapter le geste à la taille ou au poids de l'objet.	• Se déplacer sur un circuit balisé (dans l'école).

peut ainsi être intéressant d'organiser si possible deux séances dans la journée, à condition que les enfants disposent un temps qui « garantisse une véritable exploration et permette la construction de conquêtes motrices significatives. » *O* spécial n° 2 du 26 mars 2015.

Communiquer avec les autres au travers d'actions à visée expressive ou artistique	Collaborer, coopérer, s'opposer
Écouter une musique et laisser l'enfant danser s'il en a envie. Rondes et jeux chantés sur une comptine dans la salle de jeux. Jeux chantés pour connaitre les différentes parties de son corps.	• Pratiquer des jeux collectifs (jeux du déménageur) : manipuler, déplacer des objets.
Varier les musiques. Changer les déplacements : un, deux, se déplacer en rond, en ligne, en petits groupes sur la même musique. Rondes et jeux chantés : exécuter différentes positions (assis, debout, couché) selon la musique.	• Tirer, pousser des cartons à deux (début du jeu de lutte). • Projections d'objets : jeux de lancer, jeux d'adresse. ▸ **Jeux avec des cartons**
S'exprimer sur des sons variés avec des objets incitateurs.	• Coopérer et s'adapter : lancer et recevoir un ballon. • Faire rouler un ballon entre les jambes de deux enfants. • Transporter à deux un carton rempli.
Danser en manipulant des objets : rubans, cerceaux, cordelettes, cartons, tissus… S'exprimer corporellement à partir d'une histoire.	• Coopérer et s'opposer : faire des jeux de groupes dans la cour.
Danser seul, à deux ou à plusieurs. S'exprimer sur le silence et des sons variés avec des objets incitateurs.	• Courir pour retrouver un espace défini : « chacun dans sa maison ». • Courir pour se sauver ou attraper, jeux de poursuite : Loup y es-tu ?, Minuit dans la Bergerie, Le renard dans le poulailler, Chat et souris…

Programmation annuelle d'activités en Moyenne section

L'activité physique

	Agir dans l'espace, dans la durée et sur les objets	Adapter ses équilibres et ses déplacements à des environnements ou des contraintes variés
Période 1	• Lancer loin par rapport à des repères visuels verticaux, horizontaux. • Abattre des quilles. • Lancer une balle à travers un cerceau pendu. • Se déplacer au rythme du tambourin. • Courir en cadence. • Réagir à un signal au moment opportun.	• S'équilibrer : sur des supports de plus en plus hauts, de plus en plus étroits, sur des supports instables. • S'orienter en déménageant des objets dans la salle de jeux. • Repérer les points remarquables.
Période 2	• Lancer un anneau sur une tige. • Lancer une balle dans une cible de plus en plus petite, plus éloignée (c'est l'enfant qui expérimente et décide l'éloignement de la cible). • Se préparer à partir pour une course. • Courir droit. Terminer sa course.	• Pratiquer des activités de grimpe diverses. • Grimper, tourner, se déplacer en équilibre, franchir des obstacles lors de parcours enchainés. • Construire son itinéraire et sa trajectoire.
Période 3	• Pousser un ballon avec une barre dans un espace puis sur un trajet délimité. • Courir et sauter des obstacles. • Lancer et viser sur des ateliers parcours. ▸ **Lancer.**	• Pratiquer des activités gymniques sur des parcours ateliers. • Grimper, sauter, lancer, enchainer. • Utiliser des engins déséquilibrant sur des sols mouvants. • Utiliser des engins roulants dans la cour de récréation sur des parcours balisés.
Période 4	• Réagir rapidement à une sollicitation : réceptionner un ballon, esquiver un ballon. • Sauter vite. Sauter à cloche-pied, à pieds joints… • Courir en équipe (à deux, dans un premier temps).	• Se déplacer en équilibre sur les pieds, en suspension, en se balançant.
Période 5	• Rouler et faire rouler. • Faire des ateliers de sauts. • Sauter haut. Sauter loin • Courir, sauter, lancer lors de parcours ateliers.	• Agir dans un espace de plus en plus éloigné de la classe. • Faire une randonnée dans un milieu inconnu (forêt, champ, square proche de l'école puis square inconnu). ▸ **Découvrir un environnement nouveau,** pp. 118-119

Communiquer avec les autres au travers d'actions à visée expressive ou artistique	Collaborer, coopérer, s'opposer
Danser seul, à deux, à plusieurs. Se déplacer à différents rythmes, sous forme dansée. Observer le mouvement d'un enfant, le reproduire.	• Jeux collectifs comme le jeu des déménageurs, mais cette fois-ci en triangle. • Connaître les règles.
Mimes : différencier mobilité /immobilité (jeu de la statue). Représenter des formes, des animaux, des personnages.	• Jeux de coopération et de transports d'objets.
Danser avec des rubans, des cerceaux, des ballons, des cordelettes : balancer, faire rouler, lancer, créer des formes.	• Coopérer et s'opposer : jeux de déménageurs par équipes. • Reconnaître l'attaquant. • S'orienter et progresser vers la cible.
Danser en racontant une histoire.	• Jeux de lutte : saisir, tirer, pousser, retourner, résister. • Tirer, pousser un adversaire. • Retourner un enfant au sol. • Obliger l'adversaire à une action à laquelle il résiste.
Danser seul, à deux, à plusieurs.	• Jeux de poursuite et jeux de groupes.

Programmation annuelle
d'activités en Grande section

L'activité physique

	Agir dans l'espace, dans la durée et sur les objets	Adapter ses équilibres et ses déplacements à des environnements ou des contraintes variés
Période 1	• Sauter à niveau. • Courir d'un point à un autre. • Lancer différents objets. • Adapter son geste à une cible, mouvante ou non.	• Faire des parcours en courant, lançant et sautant et en enchainant les actions. • Enchainer quelques sauts avant de s'arrêter. • Ramper en coordonnant membres inférieurs et supérieurs. • Rouler en avant. • Glisser sur des plans inclinés. • Entrer dans l'eau avec l'aide du plan incliné dans des postures variées, se laisser glisser dans l'eau, sauter dans l'eau. ▸ **Se déplacer sur un parcours**
Période 2	• Sauter en contrebas. • Enchainer quelques sauts avant de s'arrêter. • Courir vite malgré la présence d'obstacles.	• Marcher en quadrupédie sur divers sols : stables/instables, étroits, en hauteur. • Se suspendre et avancer le long d'une barre, d'une échelle… • Coupler le précédent déplacement avec un grimper et un saut en profondeur. • Rouler en arrière sur plan incliné et tête sur le côté. • Se balancer avec appuis manuels. • Se balancer d'un point à un autre en position surélevée. • Glisser dans l'eau depuis le toboggan la tête en avant.
Période 3	• Sauter et effectuer une réception équilibrée. • Courir vite en ligne droite pendant 4 à 5 secondes. • Réagir à un signal. • Essayer d'arriver le premier. • Lancer loin un objet lesté sans sortir de la zone d'élan. • Courir et sauter des obstacles. • Lancer/viser dans des ateliers parcours. ▸ **Courir, sauter, lancer,** pp. 120-121	• Grimper à l'horizontal, à la verticale. • Grimper, tourner, se déplacer en équilibre franchir sur des parcours enchainés. • Se déplacer en équilibre sur les pieds, sur les mains, en suspension, en se balançant. • Ramper et éviter des obstacles. • Ramper de plus en plus vite efficacement (en respectant la trajectoire). • Retrouver un objet dans un espace connu. • Effectuer un parcours fléché. • Se repérer dans l'espace grâce aux consignes données par l'adulte. • Se déplacer le long d'une ligne d'eau dans le grand bain.
Période 4	• Passer par dessus des plinths élevés. • Adapter ses franchissements à l'autre (se croiser, s'éviter…). • Courir en effectuant un virage. • Courir en maintenant son équilibre.	• Grimper, tourner, se déplacer en équilibre franchir sur des parcours enchainés. • Se déplacer en équilibre sur les pieds, sur les mains, en suspension, en se balançant. • Réaliser un parcours en prenant des risques mesurés et en suivant le sens imposé. • Enchainer différentes actions sur un parcours aménagé avec un engin à roulettes. • Se déplacer avec des boudins flottants dans le grand bain sur le ventre, sur le dos.
Période 5	• Courir en se transmettant un objet. • Courir régulièrement pour courir longtemps. • Lancer avec précision, par rapport à des repères visuels (verticaux et horizontaux). • Courir, sauter, lancer sur des parcours aménagés de plus en plus difficiles.	• Rouler avec un tricycle ou une trottinette. • Maîtriser des trajectoires variées. • Contrôler sa vitesse. • Garer le véhicule au « parking » sans gêner les autres engins. • Virer pour contourner un obstacle. • Se déplacer le long du bord avec la tête sous l'eau.

Communiquer avec les autres au travers d'actions à visée expressive ou artistique	Collaborer, coopérer, s'opposer
Écouter différents styles musicaux. Chercher des gestes, des façons de bouger, de danser. Rondes et jeux dansés. Croisement de deux files. Se suivre à la queue leu leu.	• Jeux collectifs : jeu du déménageur (comprendre le sens du jeu). • Jouer avec les autres pour être efficace. • Courir, réagir vite, transporter. • S'orienter dans l'espace jeu.
S'exprimer librement sur des musiques expressives. S'engager dans l'action. Mémoriser l'enchainement des gestes. Exprimer sa créativité.	• S'opposer individuellement à un adversaire dans un jeu de lutte (jeu du hérisson). • Accepter le contact avec l'autre. • Entrer dans l'espace de l'autre. • Respecter la règle d'or : NE PAS FAIRE MAL.
Évoluer sur la musique avec des foulards, des cerceaux, des rubans et autres matériels… Bouger par deux. Tourner sur place, tourner autour.	• Rechercher une stratégie pour faire tomber l'autre. • Se mesurer à l'autre. • S'associer avec un camarade. • Faire avec, ensemble, pour s'opposer. • Prendre l'autre à bras le corps. • Le faire tomber sur le tapis. • L'empêcher de se relever.
Danse de création : construire une courte séquence donnée associant 2 ou 3 mouvements simples : imiter un animal, un personnage. Accepter d'autres partenaires. Se déplacer en avant, en arrière, latéralement et revenir à sa place.	• Jouer aux balles brûlantes : jeu d'opposition collective. • S'orienter vers le camp adverse. • Enchainer le plus rapidement les lancers. • Coopérer pour une meilleure efficacité. • Tenir des rôles au sein de son équipe.
Reproduire une chorégraphie apprise par chœur devant un public. Rondes à mimes.	• Faire des relais de course à plusieurs.

3 | Agir, s'exprimer, comprendre à travers les activités artistiques

« *L'enfant s'exprime, agit, fait, défait, refait, découvre, comprend et apprend.* »
Jacqueline Fargeas, Inspectrice générale

Les productions plastiques et visuelles

Dans les activités proposées, nombreuses, variées et répétitives, le jeune enfant est au stade de l'exploration. Son plaisir est celui du jeu avec la matière, de la découverte de la trace laissée parfois avec le corps entier. Il éprouve un plaisir sensoriel, découvre les caractéristiques des outils, en tire parti mais il faut qu'il recommence de nombreuses fois, car sa curiosité n'est pas assouvie.
C'est en pratiquant, seul ou avec ses camarades, qu'il acquiert le goût de créer mais aussi en se confrontant aux différentes formes d'expression artistiques : peinture, sculpture, graphisme et autres formes d'art comme la BD ou le cinéma.
Les jeux d'expérimentation et de tâtonnement sont à privilégier. Il s'agit simplement de faire, de refaire, de voir les autres, de regarder ce que l'on a fait et de faire voir.
À travers ce domaine, comme à travers l'**Univers Sonore**, les plus grands développent les interactions entre les actions, les sensations, la sensibilité et la pensée.
Il est souhaitable de conserver les dessins, afin de voir les progrès mais aussi de reprendre ou bien de prolonger un dessin.

Le rôle de l'enseignant

- Instaurer un cadre de travail favorable aux apprentissages de ses élèves, et proposer du matériel et des supports adaptés pour que chacun puisse expérimenter et développer des techniques qui lui sont propres.
- Conserver les dessins, afin de voir les progrès mais aussi de reprendre ou bien de prolonger un dessin.
- Organiser l'espace :
  - dans la classe. Plus les enfants sont petits, plus ils ont besoin de grands espaces pour laisser exprimer leur créativité : de grandes pistes graphiques courant sur les murs protégés de plastique de la classe ou dortoir , voire du couloir, grands panneaux de contre-plaqué disposés de manière oblique, proches si possible d'un point d'eau ;
  - dans l'espace proche de la classe (le dortoir, le couloir s'il est large et pas passager pour le reste de l'école) : des nappes de plastique que l'on peut disposer sur le sol pour le protéger.
- Organiser le matériel :
  - les supports, médiums, palettes, outils divers sur des chariots déplaçables au hasard des productions
  - mettre la documentation à disposition ;
  - les modalités d'affichage (très important pour l'ensemble des productions des enfants, pour communiquer avec les parents, pour échanger avec l'équipe pédagogique) ;
  - le musée de la classe : classer les objets récupérés, les disposer de manière artistique ;
  - les « cartons de récupération » (ce qui est ramassé, thésaurisé par les enfants.
- Prévoir des interventions extérieures régulières ou occasionnelles (actions à inscrire au projet d'école).
- Organiser des sorties culturelles dans les musées, galeries, expositions, édifices du patrimoine (actions à inscrire au projet d'école).
- Créer un climat de confiance : dès la petite section, encourager les enfants à « mettre les mains dans la peinture ». Les inciter à utiliser les outils.
- Mutualiser les découvertes, même entre deux classes.
- Visiter et mettre à jour les affichages de l'école régulièrement.

Mise en situation

- Travailler le rapport geste/trace/couleur : expérimenter plusieurs façons de tracer et laisser des empreintes (couvrir, tâcher, étaler, imprimer...) en utilisant couleur après couleur, en mélangeant deux, puis trois couleurs, en ajoutant le blanc, le noir, en accédant aux nuances ; tirer parti de nouvelles trouvailles ; affiner ses gestes ; introduire d'autres techniques comme le collage, le découpage, la modification, association, la juxtaposition,
- Dessiner : distinguer un objet de ses représentations, choisir et s'exercer avec et sur les outils scripteurs nécessaires au dessin : feutres, crayons de couleur, fusains, sanguine, craies à tableau, à la cire, pastels, encres, impressions.
- S'exercer au graphisme décoratif : exploiter une ou plusieurs caractéristiques d'un matériau ou d'un outil. Faire rencontrer les enfants et les œuvres :

- Partir d'une ou plusieurs œuvres pour proposer une démarche.
- Présenter plusieurs œuvres traitant d'un même sujet (plusieurs marines par exemple, plusieurs portraits...).

L'univers sonore

« L'objectif de l'école maternelle est d'enrichir les possibilités de création et l'imaginaire musical, personnel et collectif des enfants, en les confrontant à la diversité des univers musicaux. Les activités d'écoute et de production sont interdépendantes et participent d'une même dynamique. »

Les situations prévues sur une période sont reproductibles sur la période suivante ; tout dépend des progrès de chaque enfant, que l'on regardera avec bienveillance.

Il est par ailleurs souhaitable d'organiser des séances d'activités artistiques tous les jours.

Le rôle de l'enseignant

- Pratiquer le plus régulièrement possible les activités musicales.
- Prévoir en équipe pédagogique d'école l'utilisation de tout le matériel de l'école (voir sa répartition en fonction des objectifs des programmations).
- Prévoir la programmation d'un recueil de chants (paroles et partitions) élaboré en équipe pédagogique d'école, transmis au cours préparatoire.
- Choisir le meilleur lieu de l'école pour pratiquer les activités de chant chorale.
- En début d'année scolaire (et jusqu'au vacances de février, voire toute l'année) séparer les petites sections des autres sections de l'école pour les activités de chorale.
- Planifier des rencontres avec des artistes dans le domaine de la musique ou bien des visites (opéra, auditorium...).

Mise en situation

- Travailler le lexique (comme dans tous les autres domaines) : timbre, hauteur, intensité, rythme, pulsation, tempo, harmonie, mélodie, tessiture...).
- Travailler les jeux d'écoute, les jeux de débit, d'imitation, de repérage, les jeux vocaux, les jeux d'intensité, jeux de lotos sonores.
- Jouer avec des instruments simples.
- Pratiquer des activités corporelles sur des morceaux de musique très variés (classique, modernes...).

Le spectacle vivant

Les programmes de 2015 accordent un paragraphe particulier aux arts du spectacle vivant (danse, cirque, mime, théâtre, marionnettes...) très souvent pratiqués dans les écoles maternelles. Ils enrichissent particulièrement l'imaginaire de l'enfant et font travailler son corps en l'éloignant « des modalités quotidiennes et fonctionnelles » ; *BO* spécial n° 2 du 26 mars 2015.

Il permet à l'enfant de découvrir de nouvelles sensations et émotions. Il va mimer, imiter, mettre en scène, inventer, créer. Mais il faudra laisser l'enfant improviser à partir d'une parole, d'un objet, comme il saura se glisser et profiter du cadre installé par l'adulte.

Le rôle de l'enseignant

- Proposer des jeux d'imitation, d'invention, d'observation.
- Solliciter des compositions personnelles ou en petit groupe sur un projet.
- Organiser des moments de production adulte (danse, théâtre, cirque, mime...) dont les enfants peuvent s'inspirer ou tout simplement imiter.
- Utiliser tous les moyens de communication à disposition (vidéo, numérique...) qui peuvent inspirer les enfants.
- Mais... laisser libre court à leur imaginaire !

Mise en situation

- Raconter un album avec des marottes ou marionnettes ; inventer d'autres dialogues.
- S'exprimer sur des musiques différentes.
- Mettre en mots et en gestes une comptine simple ou un album.
- Communiquer avec les spectateurs (l'autre partie de la classe).
- Échanger les rôles.
- Présenter les résultats à la classe voisine, à l'école, aux parents.

Éléments de progression pour l'école maternelle

Les activités artistiques

Petite section	Moyenne section
• Exercer des choix aléatoires de matériel, d'outils, de couleur, de support. • Différencier les trois couleurs primaires, le blanc et le noir. • Différencier et nommer les couleurs secondaires. • Différencier les outils de bases : feutre, pinceau, crayon, ciseaux. • Différencier les matériaux de base. • Différencier et nommer les caractéristiques du geste : débuter, arrêter, verbes d'action (tourner, gratter…).	• Exercer des choix en fonction d'une intention du matériel, des outils, de la couleur, du support. • Différencier et nommer les trois couleurs primaires, le blanc et le noir. • Différencier et nommer les couleurs secondaires. • Savoir les produire. • Différencier et nommer les outils de bases : feutre, pinceau, crayon, ciseaux ainsi que d'autres outils du quotidien. • Faire varier les prises de l'outil. • Différencier et nommer les matériaux de base : terre, bois, verre, métal, carton, papier, tissu. • Faire varier les paramètres du geste : longueur, amplitude, intensité, sens direction, continuité ou discontinuité, rythme.
• Reconnaître sa production. • Manifester le désir de montrer sa production. • Se souvenir de sa façon de procéder. • S'intéresser à la trace laissée en mettant en correspondance la trace, l'outil l'action.	• Utiliser le dessin comme moyen de représentation. • Organiser une surface (d'après le répertoire graphique, avec un outil spécifique, de façon aléatoire ou organisé). • Dessiner différents éléments du réel (maison, voiture…) identifiables selon des critères collectifs.
• Produire des éléments graphiques intéressants que l'enseignant pourra réutiliser. • Se constituer un réservoir de traces et de formes obtenues par les moyens les plus variés : points, courbes, ronds, traits… • Savoir arrêter son geste.	• Produire des éléments graphiques avec intention. • Essayer différents outils et différentes techniques et en tirer parti.
• Explorer, tâtonner. • Utiliser tout l'espace feuille : couvrir, remplir, parcourir. • Expérimenter des plans orientés différemment. • Contrôler son geste. • Écouter l'autre.	• Manipuler avec une intention précise. • Être capable de créativité et d'invention : utiliser les changements de plans et les formes des surfaces. • Réaliser des compositions à plat à l'aide de différents procédés. • Agir en coopération dans une situation de production collective : fresque ; décor…
• Jouer avec son corps : jouer avec sa voix ; la stimuler avec des petits jeux. • Explorer les ressources de la voix • Écouter et moduler sa voix. • Dans le cadre d'une chorale : assimiler le code gestuel pour débuter un chant et le terminer.	• Imiter une voix en variant l'intensité, de faible à fort. • Distinguer les intensités vocales : chuchoter, parler, chanter, crier. • Dans le cadre d'une chorale, intervenir en alternance sur les différentes parties d'un chant et le terminer : questions / réponses.
• Prendre conscience du souffle. • Identifier des sons connus de l'environnement. • Mettre en place la pulsation. • Apprendre à imiter un rythme. • Favoriser la coordination et l'indépendance gestuelle.	• Créer un lien entre souffle et chant. • Identifier des sons : variations de voix, objets sonores, instruments. • Explorer différents rythmes à travers le mouvement. • Ressentir différents rythmes par des mouvements. • Exprimer différents rythmes par l'expression corporelle.
• Écouter un court extrait musical ou une production en restant attentif. • Écouter plusieurs fois un même extrait lors d'une séquence ou d'une période et la reconnaître. • Réagir corporellement à un extrait musical. • Repérer au moins un contraste (ex : l'intensité) et l'imiter.	• Écouter un extrait musical ou une production plus longue. • Exprimer un ressenti en y associant un geste, une illustration, une attitude. • Réagir corporellement en maîtrisant ses gestes et ses déplacements. • Repérer quelques contrastes : timbre, intensité, et les imiter.
• Accompagner un chant avec des gestes. • Mimer une comptine.	• Coordonner le jeu avec la phrase musicale : jeu du loup, rondes et jeux chantées, chansons à gestes et à mimes.

Grande section	Ce qui est attendu des enfants en fin d'école maternelle
• Exercer des choix en fonction d'un procédé technique du matériel, des outils, de la couleur, du support. • Maîtriser et utiliser les couleurs primaires, le blanc et le noir et les couleurs secondaires : le vert, le violet et l'orange. • Maitriser et utiliser des outils, des médiums. • Maitriser et utiliser des matériaux. • Maîtriser et utiliser les paramètres du geste : longueur, amplitude, intensité, sens direction, continuité ou discontinuité, rythme.	• **Choisir différents outils, médiums, supports en fonction d'un projet ou d'un consigne et les utiliser en adaptant son geste.**
• Dessiner pour représenter, imaginer. • Dessiner pour garder en mémoire, coder. • Dessiner d'après modèle, à la manière de. • Représenter. • Dessiner pour inventer : imaginer des univers, des personnages, des histoires.	• **Pratiquer le dessin pour représenter ou illustrer, en étant fidèle au réel ou à un modèle, ou en inventant.**
• Réaliser une composition graphique dans le cadre d'un projet dans l'intention de produire un effet spécifique. • Exercer des choix parmi les procédés, les outils et différentes techniques. • Découvrir et exploiter les éléments de son environnement quotidien pour leurs qualités plastiques.	• **Réaliser une composition personnelle en reproduisant des graphismes. Créer des graphismes nouveaux.**
• Explorer et exploiter les matériaux. • Découvrir l'éventail des ressources d'un même matériau. • Explorer et exploiter les possibilités d'outils. • Réaliser des compositions en volume selon un désir d'expression. • Construire son sens esthétique par la connaissance de certaines œuvres d'art, de lieux, par la mise en place d'un musée de classe.	• **Réaliser des compositions plastiques, seul ou en petit groupe, en choisissant et combinant des matériaux, en réinvestissant des techniques et des procédés.**
• Jouer avec sa voix en imitant des bruits d'animaux, des onomatopées ou en créant de nouveaux bruits. • Explorer les possibilités vocales. • Synchroniser le rythme et la voix. • Dans le cadre d'une chorale : apprendre à « taire » une partie de la chanson (chanson intérieure) pour reprendre ensuite ensemble.	• **Jouer avec sa voix pour explorer des variantes de timbre, d'intensité, de hauteur, de nuance.**
• Explorer les gestes et leurs effets sur les instruments. • Fabriquer un instrument. • Apprendre à reproduire un rythme simple. • Exprimer des sentiments à travers différents rythmes. • Respecter différents rythmes. • Coordonner et exprimer différents rythmes.	• **Repérer et reproduire, corporellement ou avec des instruments, des formules rythmiques simples.**
• Écouter un extrait musical ou une production plus long et plus complexe. • Exprimer verbalement un ressenti en y associant des images puis en utilisant un vocabulaire qui caractérise ce ressenti. • Repérer quelques contrastes (timbres, intensité, tempo), les qualifier avec l'aide du maître et les imiter.	• **Décrire une image, parler d'un extrait musical et exprimer son ressenti ou sa compréhension en utilisant un vocabulaire adapté.**
• Mettre en scène un spectacle : mettre en sons, création sonore d'une illustration, d'un album, d'une histoire.	• **Proposer des solutions dans des situations de projet, de création, de résolution de problèmes, avec son corps, sa voix ou des objets sonores.**

Programmation annuelle
d'activités en Petite section

Les productions plastiques et visuelles

	Dessiner	S'exercer au graphisme décoratif
Période 1	• Explorer et sentir son corps grâce la matière laissée à disposition : – avec la pointe d'un doigt, de tous les doigts puis les deux mains ; – avec ses ongles ; – avec ses pieds. • Changer la matière : – peinture épaisse, fluide, en poudre ; – d'abord de couleur uniforme, puis de plusieurs couleurs. ▸ **Composer des mélanges,** pp. 122-123	• Agir sur la matière : creuser, frotter. • Repérer les traces laissées, les observer. • Verbaliser avec le maître les gestes effectués. • Utiliser des supports de grandes dimensions, pistes temporaires ou non. • Laisser une trace avec plaisir. • Répéter ces traces.
Période 2	• Introduire des supports différents : – papiers lisses ; – papiers granulés ; – papiers mouillés ; – papiers froissés ; – papiers glacés… • Observer les gestes réalisés : caresser, tapoter, griffer, frapper, frotter, étaler, écarter, repousser, tourner…	• Contrôler la trajectoire des traces. • Contrôler de mieux en mieux la trajectoire des traces. • Tenir son crayon sans casser de mine. • Ne pas écraser la pointe des feutres.
Période 3	• Utiliser les nombreux outils de graphisme et les explorer. • Se constituer un réservoir de traces. • Savoir que tel ou tel outil apporte un résultat donné.	• Ne plus déborder de l'espace de la feuille. • Changer d'outil selon l'intention voulue.
Période 4	• Exercer des choix motivés en fonction d'une intention, d'un outil, d'une couleur, d'un support. • Avoir la possibilité de les choisir. • Inventer, imaginer des univers.	• Se constituer un répertoire de traces et de formes obtenues par les moyens les plus variés : – les points ; – les traits ; – les ronds ; – les références simples aux cultures différentes de la classe.
Période 5	• Présenter son dessin. • En parler. • Parler plus précisément de sa réalisation : quelle était son intention…	• Réinvestir son répertoire de traces dans des compostions graphiques. ▸ **Un atelier de haute couture.**

Réaliser des compositions plastiques, planes et en volume	Observer, comprendre et transformer des images
Découvrir progressivement les matières. Découvrir progressivement les couleurs. Composer de mélanges de couleurs. Découvrir progressivement les outils.	• Observer une grande diversité d'images : photographies, affiches, panneaux, notices, publicités, images, dessins, illustrations d'albums, reproductions d'œuvres d'art… • Recomposer une nature morte avec de vrais fruits et légumes. • Reconstituer un tableau à partir d'un puzzle. • Arrêter son regard pour un temps d'observation.
Explorer et exploiter les qualités et les ressources expressives de matériaux : étaler, modeler, éparpiller… de la peinture, de la pâte colorée, de la pâte à sel, de la pâte à modeler, du sable, de la terre à modeler… Occuper tout l'espace. Expérimenter des plans orientés différemment.	• Observer des images variées, repères évocateurs (photos souvenirs), supports culturels à caractère esthétique (œuvre d'art ou commercial, publicité), des images documentaires, des fictions, des images fixes ou animées, différentes images produites par un ordinateur. • Formuler plus précisément ce qui est perçu. • Décrire une grande diversité d'images.
Réaliser une production sous forme de collage d'éléments fournis. Utiliser tout l'espace pour : couvrir, remplir.	• Distinguer un objet de ses représentations. • Comparer diverses images. • Retrouver un tableau à partir de l'une de ses parties, d'un objet, d'un objet, d'un matériau… • Reproduire corporellement la scène d'un tableau.
Transformer les matériaux en ajustant progressivement son geste en fonction de leur qualité plastique : modeler, empiler… Créer des volumes avec pâte à modeler, pâte à sel, papier froisser, argile…	• Retrouver la provenance de certaines de ces images. • Repérer les types, leur fonction, leur support : d'où viennent ces affiches, ces images documentaires ?
Désigner puis nommer des éléments (objets, personnages, formes, couleurs…) d'une œuvre plastique. Évoquer des sensations devant une œuvre d'art.	• Repérer à l'aide d'indices plastiques l'illustrateur de tel ou tel album, le peintre, parmi ceux qui sont étudiés en classe.

Programmation annuelle
d'activités en Moyenne section

Les productions plastiques et visuelles

	Dessiner	S'exercer au graphisme décoratif
Période 1	• Adapter son geste à un espace feuille format A4. • Freiner son tracé et pouvoir le reprendre. • Adapter la tenue à l'outil proposé : rouleau, pinceau fin. • Respecter l'espace graphique.	• Effectuer un tracé qui correspond à une intention.
Période 2	• Exercer des choix motivés, matériels ou opératoires, en fonction d'une intention. • Verbaliser ses gestes. ▸ **Lignes courbes et œuvres d'art.**	• Travailler en groupe ; enrichir ses trouvailles. • S'inspirer des cultures de tous les enfants de la classe. • Enrichir un carnet de motifs maîtrisés. • S'inspirer des époques variées (les dentelles, les plumes des indiens les colliers de la belle époque, les ondulations de la perruque de Louis XIV…
Période 3	• Dessiner différents éléments du réel (maison, voiture…) identifiables selon des critères collectifs. • Utiliser un carnet pour dessiner régulièrement.	• Varier la position d'un élément. • Le combiner avec un autre.
Période 4	• Explorer et exploiter les ressources de procédés comme le pliage, le grattage, la déformation. • Transformer un objet par ajout, retrait…	• Décorer des formes abstraites. • Décorer des formes concrètes. • Chercher de la documentation dans tous les pays.
Période 5	• Proposer une signification à ses productions. • Dessiner un bonhomme parfois complet.	• Savoir reprendre son graphisme. • L'enrichir de formes nouvelles.

Réaliser des compositions plastiques, planes et en volume	Observer, comprendre et transformer des images
Occuper tout l'espace.	• Accumuler différentes expériences visuelles (observation d'œuvres cinématographiques, de photographies, couleurs, noir et blanc…). • Créer des collections d'images ou d'objets.
Expérimenter des plans orientés différemment. Réaliser une composition en plan, en volume.	• Retrouver la provenance de certaines images : illustrations, affiches, photos.
Réaliser une production sous forme de collage d'éléments à découper ou déchirer. Réaliser une construction en volume en utilisant différents matériaux (tubes de carton, papier froissé, emballages divers…).	• Décrire une grande diversité d'images. • Repérer les types d'images, leur fonction, leur support : d'où viennent elles ? A quoi servent elles ? • Utiliser un vocabulaire de description d'une image.
Agir en coopération dans une situation de production collective.	• Comparer diverses images : illustration d'un album, œuvre d'art, production d'élève… • Repérer à l'aide d'indices plastiques et parmi 5 livres ceux illustrés par la même personne.
Décrire des éléments d'une œuvre proposée. Verbaliser son ressenti à travers une ébauche d'histoire en lien avec une œuvre proposée.	• Utiliser une image ou une partie pour en réaliser une nouvelle.

Programmation annuelle
d'activités en Grande section

Les productions plastiques et visuelles

	Dessiner	S'exercer au graphisme décoratif
Période 1	• Guider son tracé par le regard. • Adapter son geste au format du support proposé. • Contrôler son tracé. • Choisir l'outil adapté au support et savoir l'utiliser.	• Effectuer un tracé qui correspond à une représentation mentale. • Chercher dans les costumes d'autrefois des graphismes à reproduire.
Période 2	• Faire en sorte que le dessin réalisé réponde à une intention. • Représenter les éléments de la réalité de façon lisible. • Dessiner un bonhomme complet.	• Trouver un motif qui lui plait par hasard : - le retrouver ; - le mémoriser ; - le refaire. • Reproduire des écritures dessinées comme les idéogrammes chinois ou les hiéroglyphes égyptiens.
Période 3	• Dessiner différents éléments du réel (maison, voiture…) identifiables selon des critères définis collectivement. • Retrouver les principaux constituants d'un objet et les reproduire.	• Commenter un tracé avec l'enseignant(e). • Commenter un tracé tout seul.
Période 4	• Dessiner pour inventer : imaginer des univers, des paysages, des histoires.	• Multiplier le nombre des éléments graphiques. : répéter des tracés, jouer sur l'alternance, sur le rythme, sur les algorithmes, sur la symétrie…
Période 5	• Écrire et dessiner une histoire.	• Appliquer le maximum de combinaisons. • Utiliser les cultures des habitats, des objets, des costumes d'autres zones géographiques que la France.

Réaliser des compositions plastiques, planes et en volume	**Observer, comprendre et transformer des images**
Adapter son geste aux contraintes matérielles (outils, supports, matières). Surmonter une difficulté rencontrée, fortuite, ou proposée par l'enseignant(e). « *Empilez des boites de chaussures. Elles ne doivent pas s'écrouler.* » ▸ **Créer une sculpture pour le préau,** pp. 124-125 Commencer à organiser la description d'une œuvre (devant, derrière, au fond...).	• Exercer sa capacité à produire des images. • Faire des photos d'un lieu. • Les observer. • En refaire de nouvelles. • Les comparer.
Tirer parti des ressources expressives d'un procédé et d'un matériau donné. Découvrir l'éventail des ressources d'un même support ou d'un même matériau (papier sec/mouillé/froissé/enduit, peinture épaisse/liquide). Exprimer son ressenti en s'appuyant sur des éléments de l'œuvre.	• Comparer diverses images. • Observer : - photographies - affiches - publicités - reproductions d'œuvres - images documentaires. • Les classer.
Choisir et assembler différents matériaux pour réaliser une construction en volume en fonction d'une intention donnée.	• Explorer la dimension narrative des images d'albums, de bandes dessinées ou de dessins animés.
Réaliser une production sur feuille en utilisant différentes techniques (collage, graphisme, peinture, encre...).	• Travailler sur les illustrations d'un album. • Repérer le liens entre textes et illustrations : redondances, complémentarité, décalage...
Réaliser une composition en plan ou en volume selon un désir d'expression préalablement formulé. Agir en coopération dans une situation de production collective.	• Utiliser une image ou une partie pour en réaliser une nouvelle.

Programmation annuelle d'activités en Petite section

Univers sonores – le spectacle vivant

	Jouer avec sa voix et acquérir un répertoire de comptines et de chansons	Explorer des instruments, utiliser les sonorités du corps
Période 1	• Imiter le cri des animaux. • Imiter des bruits de l'environnement familier.	• Distinguer les instruments des voix. • Reconnaître des sons familiers.
Période 2	• Jouer avec sa voix en variant l'intensité parler, chuchoter, crier). • Jouer avec sa voix : moduler l'intensité, la durée la hauteur. • Accompagner les comptines avec des jeux de doigts, de frappés.	• Utiliser des instruments de fortune pour créer des percussions. • Explorer différents objets sonores.
Période 3	• Explorer les hauteurs de sa voix (jeu de la sirène, jeu du bourdon, jeu des pompiers…). • Prononcer des onomatopées lentement, de plus en plus en plus vite ou de plus en plus lentement. • Réagir à une comptine, à un chant : la mimer.	• Écouter et reproduire des rythmes simples en utilisant les parties de son corps. • Créer des instruments de musique autre que des percussions avec du matériel de récupération (ex. : prendre des peignes, des brosses, et les gratter, du papier et le froisser, souffler dans dans un tube… • Rythmer ses déplacements.
Période 4	• Jouer avec sa voix : moduler l'intensité, la durée la hauteur. • Dire des textes simples très rapidement. • Chanter en harmonie avec la classe. • Produire des sons avec tout son corps : les pieds, les mains, les coudes, les genoux.	• Utiliser des instruments simples pour marquer des pulsations : tambourins, grelots, claves, maracas, wood-blocks… • Illustrer une comptine connue par un accompagnement d'instruments de musique.
Période 5	• Chanter une même chanson de trois façons différentes : fredonner, fort, doux rapide, bas. • Redire un répertoire de comptines en groupe.	• Créer un mur ou un arbre sonore. • Jouer de son instrument correctement et au bon moment dans une partition à plusieurs.

Affiner son écoute	Pratiquer quelques activités des arts du spectacle vivant
Écouter l'ambiance sonore environnante. Énumérer et localiser les bruits entendus.	• Se déplacer en suivant une musique, lente ou rapide. • Se déplacer par exemple comme l'ours de *Calinours* (A. Broutin, et F. Stehr, L'École des Loisirs) ». • Mimer des jeux de doigts.
Mettre en place un rituel pour l'écoute. Rechercher la cause des sources sonores. Repérer une petite formule rythmique simple parmi d'autres.	• Mimer « Polichinelle monte à l'échelle » après avoir vu l'enseignant le jouer sur les espaliers. • Danser avec des foulards dans la salle de jeux par petits groupes sur des musiques différentes.
Écouter de courts extraits d'œuvres musicales. Repérer les objets, les voix, les matériaux et les gestes qui peuvent les produire. Jouer à la « Chaise musicale ». Repérer parmi d'autres un court motif mélodique déjà entendu ; manifester par un geste lorsqu'on l'entend. Parmi trois petites « musiques » repérer celle qui est le thème d'un chant appris.	• Écouter des musiques sombres ou joyeuses, légères et lentes • Laisser les enfants s'exprimer. • Encourager les élèves à exprimer leurs émotions, ressenties sur différentes musiques écoutées : la peur, l'envie de bouger, la joie, la tristesse… • Reformuler. • Exprimer par le corps les sentiments ressentis à l'écoute de sons ou de musiques.
Repérer sur des formes évidentes : un timbre spécifiques (les cors…) dans *Pierre et le loup* de Prokofiev. Jouer au Mikado des sons (déposer par terre toutes les percussions de la classe. Même principe que le Mikado ; retirer les instruments sans faire de bruit).	• Exprimer simultanément par le corps les variations de sa voix. Par exemple : un son aigu et rapide = marche rapide sur la pointe des pieds, un son grave et sombre = marche accroupie et lente. • Avec la voix, imiter au bon moment les cris des animaux dont l'enseignant raconte l'histoire. • Mémoriser cette histoire et la présenter à la classe entière.
En écoute collective l'attention n'excède pas 2 minutes. Proposer des extraits très courts. Et renouveler les écoutes plusieurs fois et à différents moments. Comparer deux pièces musicales en distinguant pareil/pas pareil. Autres critères de distinction très simples possibles : chanté/pas chanté, voix féminine/voix masculine….	• Jouer avec les marionnettes de la classe pour raconter une comptine ou une histoire inventée, ou bien un questionnement de la classe. • Inventer des petites saynètes incluant musiques, déplacements, cris d'animaux...

Programmation annuelle d'activités en Moyenne section

Univers sonores – le spectacle vivant

	Jouer avec sa voix et acquérir un répertoire de comptines et de chansons	Explorer des instruments, utiliser les sonorités du corps
Période 1	• Se préparer corporellement à chanter : se détendre, respirer, se concentrer. • Multiplier les jeux vocaux pour développer la tessiture de la voix. • Répéter une petite mélodie dans la tessiture des élèves. • Commencer à mémoriser un répertoire de comptines, de chants. • Reprendre le répertoire de comptines et de chants de PS.	• Découvrir les possibilités sonores des objets du coin cuisine, du coin peinture de l'espace scientifique…. • Représenter, nommer ces objets et coder les gestes nécessaires à la productions sonore (frotter, frapper, racler, tirer, tourner, secouer, taper, pincer…). • Identifier un objet à partir du son produit. • Catégoriser les sons obtenus.
Période 2	• Réagir aux gestes du « chef d'orchestre » (démarrer, arrêter, plus ou moins fort). • Apprendre à se décontracter : soulever les épaules, rouler les épaules, soulever une épaule après l'autre. Tirer sur ses bras : se grandir un maximum et se relâcher.	• Faire percevoir la pulsation des chants et des jeux vocaux proposés. • Expérimenter des gestes pour produire et reproduire des sons. • Bruiter avec son corps seul. • Frapper le rythme d'une comptine et reproduire une formule rythmique simple : avec son corps, avec un instrument.
Période 3	• Produire des sons variés. • Faire des vocalises à partir de phrases musicales commençant ou se terminant par la même note : DO, RE, MI…. • Prononcer des mots simples (Bonjour, comment ça va ?...) en variant les intonations, les intensités…	• Produire des bruits différents avec sa langue et sa voix. • Imaginer des bruits étranges. • Les reproduire avec des objets. • Construire une histoire avec des bruits. ▸ **Chanter en chorale,** pp. 124-125 • Produire des bruits avec matériaux divers. • Reconnaître le son de différents instruments de la classe.
Période 4	• Dire et interpréter des chants, des comptines variées en situation collective ou individuelle. • Continuer à apprendre à se décontracter : – tourner la tête dans un sens puis dans l'autre, la baisser, la lever… – faire des grimaces, articuler comme si l'on criait mais sans prononcer les mots ; faire semblant de bailler…	• Fabriquer des instruments de musique. • Élaborer des familles d'instruments. • Reproduire et inventer des sons. • Combiner percussions corporelles et instrumentales avec les comptines, les jeux chantés, les évolutions et les chants.
Période 5	• Tenir sa place à la chorale. • Savoir prendre la note de départ avec les autres.	• Jouer à différents jeux de reconnaissance de voix et d'instruments : jeux des métiers ; jeu du robot ; jeu du domino ; jeu sans silence ; jeu de Kim sonore ; jeu de Memory.

Affiner son écoute	Pratiquer quelques activités des arts du spectacle vivant
Repérer des timbres spécifiques. Indiquer par geste un changement de rythme pendant l'écoute d'une œuvre. Identifier voix /instrument pendant l'écoute d'une œuvre.	• Repérer les sons environnants, ceux de la classe, de l'école, de la cantine, de la rue, des jardins, dans le ciel… – Les reproduire. – Les mémoriser. • Choisir des scènes de vie courante comportant les sons repérés mémorisés ci-avant et les « jouer » (mettre en mouvements). • Les faire interagir ensemble (la voiture fait envoler l'oiseau ou fait peu au chat ; la cloche sonne et l'enfant court…).
Repérer un petit motif mélodique simple et caractéristique dans une chanson, une œuvre (une répétition, un refrain, un thème déjà entendu et isolé).	• Inventer une phrase mélodique pour représenter un personnage connu (réel ou fictif). • Jouer avec des marottes. • Raconter l'histoire d'un album : mettre le ton et l'expression dans la diction.
Tenir une pulsation (en marchant ou en percussion corporelle) lors d'une écoute.	• Écouter « Pierre et le loup » de Prokofiev. • Écouter les instruments. • Se déplacer comme les animaux de l'histoire sur les plages sonores du livret. • Inventer l'histoire qui convient pour une musique entendue. • Inventer des bruitages corporels ou instrumentaux pour illustrer un sentiment (joie, colère, peur…). • Inventer des sons pour créer une courte phrase mélodique (musique, rythme et sentiments) qui représente un personnage, réel ou fictif. • Inventer une brève histoire correspondant à cette phrase mélodique. • Mémoriser phrase mélodique et histoire.
Coder et décoder des éléments musicaux très simples sous forme de dessins. Coder rapide/lent, voix/instrument.	• Donner ses impressions sur la musique entendue, le spectacle vu. • Inventer une histoire en relation avec le personnage choisi ; chaque enfant joue un rôle défini : un son, un animal, etc. • Créer les saynètes intégrant les éléments découverts lors des trois périodes précédentes, les enfants se regroupent pour les jouer.
Écouter des extraits d'œuvres musicales d'origines variées (époques, styles, genres, pays, cultures).	• Inventer l'histoire qui convient pour une musique entendue. • Inventer des bruitages corporels ou instrumentaux pour illustrer un sentiment (joie, colère, peur…). • Jouer les saynètes devant la classe. • Faire exprimer les impressions ressenties sur la musique entendue, le spectacle vu.

Programmation annuelle
d'activités en Grande section

Univers sonores – le spectacle vivant

	Jouer avec sa voix et acquérir un répertoire de comptines et de chansons	Explorer des instruments, utiliser les sonorités du corps
Période 1	• Développer l'écoute intérieure : – chanter une phrase sur deux ; – chanter une phrase et ne pas prononcer le dernier mot ; le mimer.	• Reproduire un rythme entendu brièvement en frappant dans les mains. • Le reproduire sur un instrument à percussion. • Comparer les instruments à percussion.
Période 2	• Reconnaître le registre expressif de certaines voix. • Caractériser ces registres expressifs. • Prendre conscience des résonateurs : chanter une mélodie en vocalisant sur des sons comme in, eu, ou.	• Continuer la reproduction du rythme : – une formule rythmique courte proposée par un meneur ; – une phrase extraite d'une œuvre écoutée ; – une phrase tirée d'un chant appris ou bien encore en cours d'apprentissage.
Période 3	• Développer l'écoute intérieure : chanter le début et murmurer la suite. • Chanter des phrases banales, de tous les jours en variant les intonations. • Se répondre de la même façon.	• Fabriquer des instruments de musique. • Jouer ensemble de tous ces instruments de musique fabriqués ou non. • Adapter le rythme. • Se répondre d'un instrument à l'autre. • Faire des phrases musicales plus ou moins longues en conversation ou ensemble. • Suivre le chef d'orchestre (l'enseignant). ▸ **Mise en scène, mise en voix, bruitage et musique**
Période 4	• Jeu du chaud et du froid : un enfant, les yeux bandés, cherche un objet ; ses camarades expriment un bruit plus ou moins fort, selon que l'enfant se rapproche ou pas du tout du but. • Prendre conscience des résonateurs : – enchainer des sons : o, ou, on, é, in, oi, é… – parler par le nez, sans ouvrir la bouche. • Chanter en accord avec toute la classe.	• Organiser collectivement des sons pour inventer, créer. • Accompagner un chant avec des petites percussions ou objets sonores. • Prendre la place de l'enseignant comme chef d'orchestre.
Période 5	• Apprendre à articuler finement : – Prononcer des sons proches : ch/s, t/d, ch/j – Trouver des mots et des phrases les illustrant. • Jouer au chef d'orchestre : faire produire un son, une syllabe, sur des tons, des rythmes, des intensités variées ; lever, baisser la baguette. • Chanter seul devant la classe.	• Tenir sa place dans un orchestre.

Affiner son écoute	Pratiquer quelques activités des arts du spectacle vivant
Écouter des extraits d'œuvres musicales d'origines variées (époques, styles, genres, pays, cultures). Exprimer ses choix musicaux.	• Imaginer le type de voix d'un animal, d'un personnage d'album. • Inventer un langage imaginaire par onomatopées, intonation et gestuelle : le « gromelot ». S'en servir pour exprimer des scènes de la vie courante très expressives (le client et la marchande, le repas familial…). • Les mémoriser.
Repérer des phrases musicales, les couplets, les refrains. Découvrir les composantes rythmiques. Repérer certains instruments utilisés.	• Inventer des chants et des productions vocales. • Choisir des personnages associés à des sentiments (le grognon, la joyeuse…). Inventer un dialogue entre eux en chantant leurs phrases. • Transformer ces chants en gromelot en respectant l'air et les intentions. • Danse : avec des bâtons, danser comme des majorettes en se déplaçant par 1, 2, 4, 8.
Rechercher comment traduire par différents codages le rythme d'une phrase musicale. Retrouver une phrase musicale à partir d'une « partition codée ».	• Écouter des musiques, imaginer ce qu'elles peuvent représenter. • Jeu « Avoir l'air de… » : choisir un instrument prédominant sur une musique et le mimer en respectant le sentiment exprimé par sa mélodie, pour « avoir l'air de » jouer cet instrument. Exemple : un piano triste = « air-piano ». De même air-guitare, air-trompette, etc. • Cirque : utiliser le matériel des activités physiques pour inventer des activités de cirque après avoir vu des vidés de cirque : mimes de dressage d'animaux, équilibres, clowns, … • Présenter un cirque fictif.
Jouer au jeu de la Taupe : se déplacer les yeux bandés selon les indications d'un camarade.	• Danser avec des grands voiles légers, sur des musiques « enveloppantes » : se déplacer en se roulant par terre, à plusieurs, ou seul en faisant voler le voile… • Sonoriser des albums, des bandes dessinées, des poèmes… • Inventer une partition sonore en « air-instrument » par deux : un enfant fait l'instrument avec les gestes et l'autre le reproduit vocalement puis inversement.
Jeu de la chaise musicale : trois enfants jouent d'un instrument (triangle, tambourin, maracas) ; un enfant, yeux bandés, doit s'orienter vers celui qui joue du tambourin et prendre sa chaise.	• Choisir les musiques adaptées à une histoire ou à un passage de l'histoire. • Orchestrer des saynètes de façon à raconter en fonction des personnages déjà vu dans les périodes précédentes, pour éviter une cacophonie. Chaque saynète doit inclure les personnages, les « gromelots » et les « air-intruments » qui ponctuent l'ambiance. Elles peuvent donc être très courtes. • Théâtre : monter une mini pièce sur un album comportant des dialogues.

4 Construire les premiers outils pour structurer sa pensée

« Proposer des situations qui soient de vrais substituts aux fiches pour mettre en avant l'agir. »
Viviane Bouysse, Inspectrice générale.
Lyon, 6 février 2015

Ce que dit le programme

Ce nouveau domaine fait émerger une approche plus mathématique que culturelle et langagière du nombre. Il est composé de trois parties : les deux premières traitent des nombres et de leurs utilisations, la troisième des formes et des grandeurs.
Le programme insiste sur le rôle fondamental du langage dans toutes les étapes de l'appropriation des premiers outils pour structure sa pensée ; en effet, l'enfant a besoin des mots pour exprimer les quantités, le rang, le positionnement, tout simplement le fait de « parler des nombres à l'aide de leur décomposition », puis d'utiliser l'écrit en « mobilisant des symboles analogiques, verbaux ou écrits… »

Construire le nombre pour exprimer les quantités

Dans la première partie, l'accent est porté sur les compositions/décompositions, « condition nécessaire à la construction du nombre ». Il faut faire comprendre que « toute quantité s'obtient en ajoutant un à la quantité précédente […] et que sa dénomination s'obtient en avançant de un dans la suite des noms des nombres. »
La comptine numérique doit être « travaillée pour elle-même ». C'est un outil au service des apprentissages des enfants.
Quant au dénombrement, il fait appel à des jeux sur la variation des collections à la fois dans les quantités et dans leur disposition spatiale.

Explorer des formes, des grandeurs, des suites organisées

Manipulations et première approche de la géométrie : le langage est toujours soutient de l'apprentissage (décrire, identifier, nommer, utiliser le vocabulaire précis que l'enfant comprend, puis utilise), le cercle et le disque ont remplacé le rond, le rectangle apparaît. L'étude des solides précède celles des formes planes. La catégorisation est un des objectifs importants pour distinguer forme, longueur, masse, contenance. Le travail des suites est organisé avec des critères de formes et de couleurs.

Comment le mettre en œuvre

Le rôle de l'enseignant(e)

Tenir compte des acquis des enfants : il existe une grande hétérogénéité dans le domaine de l'approche des quantités et des nombres. L'enseignant doit observer, prendre en compte les différences et proposer une mise en œuvre différenciée.

Utiliser les nombreuses rencontres des enfants avec les nombres :
- les conversations courantes (« Il est 8 h », « Il a 3 ans », « C'est à 100 m », « Nous sommes en vacances le 22 décembre »…) ;
- leur maison : ils habitent au n° 10, à l'étage 6… ;
- dans la classe : on les autorise à jouer encore 5 min, à manger un bonbon ;
- s'appuyer sur les chiffres vus sur les livres les tablettes, les ordinateurs, les maisons, dans les ascenseurs, sur les pendules et sur les montres, sur la balance électronique, sur la toise… ;
- à l'école, on se met par 2, par 3, on est le premier, le deuxième, on prend 3 cordes, 4 cerceaux, on fête les anniversaires, on tient à jour la date, on appartient à l'équipe qui arrive la deuxième, la troisième, la première…

S'appuyer sur des situations de la vie quotidienne : les rituels (comptage des absents, puis des présents, anticipation d'une activité sur le calendrier), sur la distribution de la collation, sur les fêtes des anniversaires, (comptage des bougies en adéquation avec son âge), sur les activités physiques (installation du matériel), sur les manipulations de matériel et d'objets dans les coins jeux (fiches 10 et 12 qui s'appuient sur la vie des coins jeux).

Réinvestir toutes les situations dans des situations similaires.

Graduer les difficultés.

Créer une dynamique de groupe : dans les situations-problème, questionner, relancer… sans être trop directif(ve), repérer ce qui bloque chez un enfant, lui faire verbaliser sa difficulté pour l'amener si possible à trouver lui-même une solution.

Proposer des situations

- Prendre ou dessiner un certain nombre d'objets.
- Tenir à jour la date : étiquettes, calendrier...
- Se grouper, grouper des objets par...
- Chercher le total obtenu en lançant 2 dés, le nombre total de points sur un domino.
- Chercher le complément : trouver le nombre d'absents à partir du nombre de présents et du nombre d'inscrits.
- Dessiner des dominos à 6 points.
- Décomposer des groupes d'enfants de 5 enfants comportant des filles et des garçons.
- Ajouter, enlever : trouver le nouveau cardinal d'une collection, la nouvel valeur d'un score après une augmentation ou une diminution.

Proposer des situations-problèmes

- Corriger la marionnette qui se trompe, qui compte les objets à rebours, qui compte de 2 en 2.
- Fabriquer un calendrier, une piste de jeu de l'oie.
- Analyser et fabriquer des livres à compter.
- Utiliser et fabriquer des cartes à jouer.
- Utiliser et fabriquer des dominos, des jeux de lotos.
- Chercher ce qu'il faut ajouter ou ce qu'il faut enlever : pour passer d'un effectif à l'autre, d'un score à l'autre.
- Chercher une différence d'effectifs, de scores.
- Mettre la table.
- Jouer à la marchande.
- Faire des échanges.
- Jouer dans le coin garage.
- Utiliser les situations d'activités physiques.
- Utiliser les recettes.
- Utiliser les listes pour les projets.

Exemples de procédure :

- prendre le nombre de voyageurs correspondant au nombre de places disponibles dans le car ;
- choisir parmi 6 cars celui qui contient le nombre de places correspondant à un nombre donné de voyageurs ;
- partager une collection de voyageurs entre des cars de 3, 4, ou 5 places ;
- prendre le nombre de voyageurs nécessaires pour compléter une collection de voyageurs donnée, compter le nombre de voyageurs.

Prendre conscience des actions de transformations

- Suivre la règle.
- Amender la règle.
- Comparer la règle.
- Inventer la règle.
- Repérer le répétitif.
- Repérer le récursif.
- Aller vers la récurrence.

Jouer avec le calendrier

Instituer un rituel comme celui du calendrier permet aux enfants de prendre conscience de la succession à caractère arbitraire et conventionnel des noms des jours et des mots.

Écrire la musique

Par l'intermédiaire de sons :

- Reconnaître dans une série de sons un algorithme ;
- Prolonger la suite de sons ;
- Transformer l'algorithme.

Créer des papiers cadeaux

Les papiers cadeaux donneront l'occasion de travailler :

- un algorithme prenant en compte les deux dimensions du plan (par exemple imprimer des dés sur lesquels on voit 2 ou même 3 faces, donc 3 dessins pour 3 algorithmes ce qui complexifie singulièrement le rythme) ;
- l'organisation linéaire mais l'alternance de plusieurs motifs ;
- des motifs de formes géométriques ;
- des motifs réversibles ;
- des motifs composés de plusieurs éléments.

Éléments de progression
pour l'école maternelle

Découvrir les nombres et leurs utilisations

Petite section	Moyenne section
Utiliser les nombres	
• Estimer une quantité (plus, moins…). • Comparer des collections naturelles. • Partager des collections d'objets. • Mettre en correspondance des objets du quotidien pour parvenir aux notions de « assez, pas assez, plus que, moins que ». • Réaliser une collection qui comporte le même nombre d'objets qu'une autre (jusqu'à 2, puis jusqu'à 3).	• Évaluer et ranger des quantités de la plus petite à la plus grande, puis de la plus grande à la plus petite. • Comparer une constellation avec une constellation figurale (constellations du dé). • Comparer des quantités en utilisant des procédures numériques. • Comparer des quantités en utilisant des procédures numériques et/ou non numériques. • Construire des collections jusqu'à 6 éléments. • Construire ou en modifier une.
• Construire une collection dont le nombre est donné (progressivement jusqu'à 3). • Construire une seconde collection. • Comparer des collections. • Donner le cardinal 2 pour une collection à constituer. • Montrer à quoi correspond ce cardinal avec d'autres manières de l'exprimer. • Comparer des quantités en utilisant le vocabulaire approprié : beaucoup, pas beaucoup, pareil, pas pareil. • Comparer des quantités spatialement organisées. • Comparer des quantités en variant des collections non organisées. • Dénombrer une quantité en utilisant la comptine numérique jusqu'à 3. • Reconnaître globalement des quantités jusqu'à 3. • Dénombrer une quantité en utilisant la comptine numérique jusqu'à 4 et savoir énoncer le cardinal.	• Augmenter le cardinal de la collection donnée. • Maitriser le dénombrement • Utiliser les différentes représentations d'un nombre : – les doigts ; – les constellations ; – les chiffres romains. • Comparer des quantités en utilisant le vocabulaire approprié : plus, moins, pareil. • Faire des correspondances terme à terme avec des objets réels. • Évaluer la quantité des éléments d'une quantité. • Dénombrer une quantité en utilisant la comptine numérique jusqu'à 5/6. • Reconnaître globalement des quantités jusqu'à 6 grâce à la configuration de la main (jusqu'à 5) et au dé (jusqu'à 6). • Dénombrer une quantité en en utilisant la comptine jusqu'à 6/8 en revenant sur les cardinaux précédents.
• Compter jusqu'à 3 en associant le geste au mot (comptage sur les doigts). • Se grouper par 2 ou par 3 dans des situations de jeux : se ranger suivant une consigne. • Ranger les constellations du dé jusqu'à 3. • Les lire dans l'ordre. • Se positionner dans un jeu en premier ou en deuxième.	• Ranger de petites quantités de la plus petite à la plus grande • Ranger de petites quantités de la plus grande à la plus petite • Compter jusqu'à 4 en associant le geste au mot (comptage sur les doigts). • Se grouper par 2 ou par 3 ou par 4 dans des situations de jeux : se ranger suivant une consigne. • Ranger les constellations du dé jusqu'à 4. • Les lire dans l'ordre. • Se positionner dans un jeu le premier ou le deuxième ou le troisième.
• Reconnaître l'écriture du chiffre 1, du 2 puis du 3. • Savoir les employer à bon escient dans la vie quotidienne. • Les désigner sur une bande numérique (jusqu'à 3). • Associer différentes représentations des nombres (de 1 à 3).	• Écrire les nombres de 1 à 6. • Savoir compter les doigts de la main. • Diminuer leur nombre et dire le nombre restant. • Représenter les nombres par la constellation du dé. • Mémoriser la suite des nombres jusqu'à 6, puis 10. • Lire les nombres jusqu'à 4 puis 10. • Associer différentes représentations des nombres (de 1 à 6) puis de (1 à 10).
Étudier les nombres	
• Comprendre que la quantité est indépendante de la taille, de la forme, de la disposition. • Comparer des collections ayant le même nombre (2, 3). • Changer les paramètres : objets, couleurs, taille.	• Dénombrer les objets de diverses collections disposées de manière différente. • Mémoriser la quantité et l'organisation spatiale des éléments. • Changer cette organisation et dénombrer cette nouvelle collection.

Grande section	Ce qui est attendu des enfants en fin d'école maternelle
Utiliser les nombres	
• Comparer des collections à des collections naturelles comme les doigts ou à des collections repères (les constellations du dé de 1 à 6), puis de deux dés (de 1 à 12). • Comparer des quantités, les mémoriser (afin que les nombres apparaissent comme des outils de résolutions de problèmes). • Construire ou modifier une collection pour qu'elle ait autant, plus ou moins d'éléments qu'une collection donnée. • Partager des collections. • Réaliser une distribution. • Savoir vérifier une comparaison, une construction ou une modification par l'emploi de procédures différentes. • Reproduire une procédure proposée par l'enseignant ou un camarade.et l'expliquer.	• **Évaluer et comparer des collections d'objets avec des procédures numériques ou non numériques.**
• Augmenter le cardinal de la collection donnée (jusqu'à 15). • Utiliser le dénombrement pour constituer les collections. • Maitriser les différentes représentations d'un nombre, les doigts, les constellations, les chiffres romains, les chiffres écrits en lettres. • Comparer des quantités en utilisant des procédures non numériques ou numériques : plus que, moins que, autant que… • Dénombrer une quantité en utilisant la comptine numérique jusqu'à 8. • Reconnaître globalement des quantités jusqu'à 8 grâce à la configuration de la main (jusqu'à 8) et au dé (jusqu'à 8). • Dénombrer une quantité en en utilisant la comptine jusqu'à 10 en revenant sur les cardinaux précédents. • Partager des collections ; les dénombrer.	• **Réaliser une collection dont le cardinal est donné. Utiliser le dénombrement pour comparer deux quantités, pour constituer une collection d'une taille donnée ou pour réaliser une collection de quantité égale à la collection proposée.**
• Repérer des positions dans une liste ordonnée d'objets le rang d'une personne. • Comparer des collections au moyen de procédures adaptées. • Reconnaître les constellations du dé jusqu'à 6. • Les lire dans l'ordre. • Se ranger dans l'ordre dans différentes situations de la vie quotidienne de l'école. • Se positionner dans un jeu le premier ou le deuxième ou le troisième ou le quatrième ou le cinquième ou le sixième.	• **Utiliser le nombre pour exprimer la position d'un objet ou d'une personne dans un jeu, dans une situation organisée, sur un rang ou pour comparer des positions.**
• Écrire les nombres de 1 à 9. • Représenter les nombres par la constellation du dé. • Utiliser des procédures non numériques et numériques pour comparer des collections organisées : correspondance terme à terme, dénombrement, comparaison des nombres entre eux au moins jusqu'à 30. • Mémoriser la suite des nombres jusqu'à 30. • Lire les nombres jusqu'à 15, puis jusqu'à 30. • Associer les représentations des nombres de (1à 10) (1 à 30).	• **Mobiliser des symboles analogiques, verbaux ou écrits, conventionnels ou non conventionnels pour communiquer des informations orales et écrites sur une quantité.**
Étudier les nombres	
• Savoir que le cardinal permet la mémoire de la quantité. • Jouer avec des quantités plus grandes (jusqu'à 10). • Mémoriser l'organisation spatiale des éléments de la collection, puis la changer. • Dénombrer la collection ainsi constituée. En tirer des conclusions.	• **Avoir compris que le cardinal ne change pas si on modifie la disposition spatiale ou la nature des éléments.**

Éléments de progression pour l'école maternelle

Explorer des formes, des grandeurs, des suites organisées

Petite section	Moyenne section
• S'engager dans la comptine des 3 premiers nombres. • Exprimer de petites quantités (jusqu'à 3). • Modifier la collection avec un élément pour que la collection augmente, puis pour qu'elle diminue.	• S'engager dans la comptine des 4 premiers nombres. • Exprimer de petites quantités (jusqu'à 6). • Modifier la collection avec un élément pour que la collection augmente puis diminue. Donner le cardinal.
• Manipuler de très petites collections : 2, 3 éléments. • Constituer une collection inférieure de un à la collection de départ, puis de 2 à la collection de départ. • À l'inverse, partir d'une collection d'un élément unique et constituer une collection de un élément de plus.	• Savoir décomposer les nombres de 1 à 6 en ajoutant ou en retranchant un.
• Parler du nombre 2 et comprendre qu'il correspond à 1 et 1. De même avec 3 (1 et 2, ou 1 et 1 et 1, ou 2 et 1). • Comprendre l'associativité du nombre : (1 et 2) est identique à (2 et 1). • Savoir décomposer les nombres de 1 à 3.	• Reparler de la décomposition du nombre 3. • Décomposer les nombres 5, 6. • Comprendre comment les nombres sont composés. • Savoir décomposer les nombres de 1 à 6. • Reconnaître les constellations du dé.
• Dire la comptine numérique jusqu'à 3, puis jusqu'à 5 en collectif. La dire en individuel. • Reconnaître les 10 premiers chiffres écrits.	• Dire la suite des nombres jusqu'à 9 puis jusqu'à 15. • Reconnaître les 15 premiers chiffres écrits. • Dire la suite des nombres en individuel.
Explorer des formes, des grandeurs, des suites organisées	
• Trier des formes géométriques : cercle, carré, triangle. • Classer des formes géométriques suivant la forme : cercle ou disque, carré, triangle. • Identifier cercle ou disque, carré dans une collection de formes dessinées en utilisant les mots justes. • Trier dans une collection les cubes. En donner quelques caractéristiques. Faire de même avec des boules, des pyramides puis des cylindres.	• Identifier et nommer des formes géométriques simples : carré, triangle, cercle, quelle que soient leur taille et leur disposition. • Reconnaître, décrire, nommer le carré, le triangle, le cercle, le rectangle. • Retrouver des formes simples dans divers objets de la vie courante. • Repérer les propriétés des polygones : les sommets et les côtés. • Reconnaître des formes en volume. • Classer les formes suivantes : cube, boule, pyramide, cylindre. • En donner quelques caractéristiques.
• Manipuler des formes géométriques dans un objectif de mesure de taille (grand, petit). Les ranger. • Classer des objets selon un critère de forme. • Identifier grand/petit dans une collection de formes. • Manipuler un élément fluide (l'eau), trier et classer des contenants vides et des contenants pleins.	• Critères de tri : petit/moyen/grand, lourd, léger, large/étroit. • Comparer la longueur de deux objets en les plaçant côte à côte, en utilisant le vocabulaire adéquat. • Ranger et apparier des objets. • Ranger des formes ou des objets du plus petit au plus grand. • Comparer la masse de plusieurs objets.
• Puzzles : identifier une pièce, puis la bonne orientation. • Repérer l'ordre et apparier les images selon leurs formes. • Reproduire un assemblage selon un modèle.	• Reconstituer une figure simple faite de figures géométriques (pavage). • Reconnaître et ranger des formes simples. • Reproduire et représenter des assemblages de formes plates, en volume.
• Savoir dessiner approximativement à la demande un cercle, un triangle, un carré.	• Tracer le contour d'une forme simple, en suivant ce contour au plus près. • Utiliser des formes pour des pavages : découpage, collage, empreintes.
• Classer des objets selon un critère donné. • Créer ou poursuivre une collection d'éléments identiques. • Créer un algorithme à deux éléments.	• Créer et ou poursuivre un algorithme faisant varier un seul critère, puis deux, puis trois.

Grande section	Ce qui est attendu des enfants en fin d'école maternelle
• Savoir résoudre des problèmes liés à l'augmentation et à la diminution de quantités. • Modifier la collection avec un élément pour qu'elle ait plus d'éléments. • Donner alors son cardinal. • Modifier avec un élément pour qu'elle en ait moins et donner son cardinal.	**• Avoir compris que tout nombre s'obtient en ajoutant un au nombre précédent et que cela correspond à l'ajout d'une unité à la quantité précédente.**
• Savoir décomposer les nombres de 1 à 10. • Effectuer une addition dont le résultat est inférieur à 10. • Effectuer une soustraction dont le résultat est inférieur à 10.	**• Quantifier des collections jusqu'à dix au moins ; les composer et les décomposer par manipulations effectives puis mentales. Dire combien il faut ajouter ou enlever pour obtenir des quantités ne dépassant pas dix.**
• Savoir décomposer les nombres de 1 à 10. • Comprendre l'associativité du nombre.	**• Parler des nombres à l'aide de leur décomposition.**
• Dire la suite des nombres jusqu'à 20 puis jusqu'à 30. • Reconnaître les 30 premiers chiffres écrits. • Dire la suite des nombres en individuel.	**• Dire la suite des nombres jusqu'à trente. Lire les nombres écrits en chiffres jusqu'à dix.**
Explorer des formes, des grandeurs, des suites organisées	
• Différencier des objets en fonction de caractéristiques liées à leur forme. • Trouver des critères de classement, les encoder puis respecter le codage. • Reconnaître, classer et nommer des formes simples : cercle ou disque, carré, triangle, rectangle. • Nommer et classer quelques solides (cubes, pyramides boules, cylindres).	**• Classer des objets en fonction de caractéristiques liées à leur forme. Savoir nommer quelques formes planes (carré, triangle, cercle ou disque, rectangle) et reconnaître quelques solides (cube, pyramide, boule, cylindre).**
• Comparer des objets selon leur contenance, leur taille, leur longueur, leur masse. • Distinguer lourd/léger de grand/petit. • Savoir utiliser une bande graduée et une toise. • Savoir utiliser différentes sortes de balances. • Savoir ranger les données dans une suite ordonnée.	**• Classer ou ranger des objets selon un critère de longueur ou de masse ou de contenance.**
• Reproduire un assemblage de formes simples à partir d'un modèle. • Découvrir le Tangram : analyser les formes qui le constituent, qui le recomposent. • Manipuler des volumes. Construire des volumes avec différents matériaux.	**• Reproduire un assemblage à partir d'un modèle (puzzle, pavage, assemblage de solides).**
• Reconnaître ces figures dans des assemblages complexes (compositions artistiques). • Construire des formes à l'aide de différents instruments : crayons, gabarits, règles… • Savoir faire des dictées de formes.	**• Reproduire dessiner des formes planes.**
• Reproduire une suite visuelle. • Identifier le principe d'organisation d'une suite répétitive, puis la transformer. • Construire la suite infinie engendrée par la répétition d'un motif complexe. • Mémoriser un motif complexe visuel, auditif, gestuel et poursuivre la suite infinie engendrée par la répétition de ce motif.	**• Identifier le principe d'organisation d'un algorithme et poursuivre son application.**

Programmation annuelle d'activités en Petite section

Découvrir les nombres et leurs utilisations

	Construire le nombre pour exprimer les quantités	Stabiliser la connaissance des petits nombres
Période 1	• Estimer les quantités d'une collection : beaucoup, pas beaucoup, trop, pas assez. • Dans le coin dinette : mettre le couvert en appariant une assiette, un verre, une fourchette, une cuillère, un couteau, une serviette. • Jeu de la chenille : associer différentes représentations des nombres de 1 à 2. • Réaliser une collection équipotente à une autre : jusqu'à 2, puis jusqu'à 3.	• Mémoriser des petites quantités (1 et 2, la tête à Toto).
Période 2	• Exprimer des petites quantités jusqu'à 3 (3 ans, 3 doigts). • Reconnaître des petites quantités : « Combien y a-t-il de bougies sur le gâteau d'anniversaire ? » • Réaliser une collection d'objets identique à une autre (salade de fruits).	• Après un lancer de dé, dire le nombre en utilisant des procédures variées (dénombrement ou reconnaissance globale) pour aller vers une mémorisation de la constellation.
Période 3	• Comparer deux collections de petits nombres (2 et/ou 3) ; les quantifier avec les doigts puis par correspondance terme à terme. • Jouer à ajouter un objet et verbaliser la quantité ajoutée et la quantité obtenue : – un collier de perles ; – une bague à chaque doigt ; – les bougies d'anniversaire ; – les lettres de mon prénom ; – la constellation du dé. • Découvrir la première partie du jeu de cartes (jusqu'à 3 mais sur les 4 couleurs). • Jeu de bataille. • Jeu des gâteaux : compléter des collections pour atteindre un nombre donné.	• Jeu du panier : mémoriser une collection d'objets.
Période 4	• Effectuer des partages entre les participants à une activité (dans tous les domaines).	• Jouer avec les cartes de l'as au 3 puis de l'as au 4.
Période 5	• Exprimer de petites quantités : on fait les courses ; on rapporte 2, 3, 4 paquets de gâteaux.	• Associer des cartes de même valeur numérique : – par perception instantanée ; – par comptage un à un.

Utiliser le nombre pour désigner un rang, une position
Ranger des boites gigognes.
Ranger des poupées russes. Ranger le matériel de dinette : assiettes de la plus petite à la plus grande… Construire des algorithmes, en gardant en mémoire que la perle rouge est la première, la perle bleue est la deuxième.
Se ranger dans le couloir : Paul est le premier, Sophie est la deuxième, la maitresse est la troisième. Etc.
Construire une collection de un à trois objets : donner son cadeau à la première poupée, puis à la deuxième, à la troisième.
Ranger les cartes à jouer par famille et par ordre croissant (de l'as à la carte 4). Ranger les cartes à jouer par famille et par ordre décroissant (de l'as à la carte 4).

Programmation annuelle
d'activités en Moyenne section

Découvrir les nombres et leurs utilisations

	Construire le nombre pour exprimer les quantités	Stabiliser la connaissance des petits nombres
Période 1	• Réaliser une collection de 4, puis de 5 objets : – mettre autant d'objets dans un panier que le nombre donné ; – aller chercher 4 balles dans le panier (activités physiques) ; – coller 5 gommettes sur la feuille… • Reconnaître visuellement une collection de 2, 3 ou 4 objets. • Donner le nombre de la collection présentée. • Combien y a-t-il de disques sur la table ? • Reconnaître les constellations du dé de un à quatre. • Tous les jeux de pistes. • Jeu des Petits chevaux. • Jeu de l'oie.	• Écrire les nombres. • Utiliser le calendrier de la semaine : jour 1, jour 2… • Rappeler les comptines numériques. • Corriger la marionnette qui se trompe en comptant. • Corriger la marionnette qui compte de deux en deux et qui se trompe.
Période 2	• Évaluer une collection par estimation purement visuelle. • Exprimer par le vocabulaire approprié la comparaison plus que, moins que… entre deux collections de petites tailles (jusqu'à 5). • Réaliser des collections jusqu'à 5 objets.	• Reconnaître les doigts de la main jusqu'à 5. • Dénombrer le matériel du quotidien de la classe. • Mettre à jour quotidiennement le tableau des absents.
Période 3	• Utiliser du matériel varié. • Mettre en évidence l'opposition avec des collections de variables différentes (taille, volume, couleur, forme).	• Reconnaître la constellation du dé jusqu'à 6. • Dénombrer le nombre des jours avant le dimanche, le samedi… • Réciter une comptine numérique jusqu'à la fin sans être aidé.
Période 4	• Mettre en évidence des situations problèmes : – distribuer le couvert sur la table de la cuisine ; – compléter le nombre d'assiettes ou le nombre de couverts en fonction des invités ; – ranger les voitures dans le garage ; – habiller toutes les poupées avec un vêtement de printemps.	• Utiliser les albums à compter. • Écrire les nombres. • Corriger la marionnette qui compte de 2 en 2. ▸ **Album à compter**
Période 5		• Utiliser les albums à compter. • Dénombrer le nombre de matériel nécessaire pour le montage du parcours en Activités physiques.

Utiliser le nombre pour désigner un rang, une position
Repérer une position dans une liste ordonnée de personnes ou d'objets : - « Mélissa, tu te mets en premier dans l'atelier de saut, - Paul tu seras le deuxième… »
Observer le cadran de l'horloge. Observer le rangement des chiffres.
Reconnaître l'écriture des nombres de 1 à 4 placés dans l'ordre.
Ordonner les prix de quelques bonbons (étiquetés de un à six) du moins cher au plus cher. Ordonner les prix de quelques bonbons (étiquetés de 1 à 6) du plus cher au moins cher.
Observer différentes pièces de monnaie (fausses et vraies). es ranger par ordre de valeur.

Programmation annuelle
d'activités en Grande section

Découvrir les nombres et leurs utilisations

	Construire le nombre pour exprimer les quantités	Stabiliser la connaissance des petits nombres
Période 1	• Partager les gâteaux du goûter. • Distribuer des bonbons lors d'une fête. • Les dominos : partager les dominos (les doubles : que signifient les blancs ?). • Jeux de cartes. : distribuer les cartes entre les joueurs.	• Mémoriser une petite quantité globale avec la position adaptée de ses doigts. • Utiliser la file numérique dans les deux sens : horizontale et verticale.
Période 2	• Distribuer les cartes d'un jeu de société. • Désigner le gagnant au jeu du déménageur. • Distribuer des bonbons lors d'une fête.	• Utiliser le boulier pour compter les jours qui séparent d'un événement (Noël). • Jouer au loto (les plaques vont jusqu'à dix).
Période 3	• Partager les billets de banque d'un jeu de société. • Préparer les ingrédients pour une recette.	• Dire tous les nombres à partir de 10 à rebours. • Repérer et mémoriser la plage d'une chanson sur un CD.
Période 4	• Repérer combien d'enfants de la classe peuvent avoir des vélos. • Compter les points lors de jeux collectifs. • Fabriquer un objet à partir d'une fiche technique avec une liste de constituants. ▸ **Quantité et nombre, le sens des opérations**	• Pointer la file numérique en disant les nombres. • Jouer au jeu du béret avec un numéro par joueur sur son dossard.
Période 5	• Jouer au jeu de la marchande : plusieurs enfants vont chercher des objets ; comptabiliser le nombre d'objets rapportés et combien ils ont coûté. • Rendre la monnaie dans une activité de marchande. ▸ **Jouer à la marchande,** pp. 132-133	• Jouer au loto (les plaques vont jusqu'à vingt).

Utiliser le nombre pour désigner un rang, une position
Attribuer aux enfants un tour de parole dans un petit groupe. Ranger les enfants et leur attribuer un rang (tu es le premier, le deuxième…) quand ils sortent de la classe pour aller se laver les mains ou autre.
Ranger les enfants dans un ordre pour accéder au tableau de responsabilités. Ranger les poupées par ordre de taille.
Ranger les enfants par ordre de taille (dans un petit groupe) à l'issue de la visite médicale obligatoire des 6 ans.
Ranger les cartes à jouer dans un ordre : de la plus grosse à la plus petite (du dix à l'as).
Ranger les prix de la marchande du moins cher au plus cher. Ranger les prix de la marchande du plus cher au moins cher.

Programmation annuelle
d'activités en Petite section

Construire des premiers savoirs et savoir-faire avec rigueur

	Acquérir la suite orale des mots-nombres	Écrire les nombres avec les chiffres
Période 1	• Dire des comptines en utilisant la suite des nombres : – en collectif ; – en individuel ; – en avançant dans la comptine numérique. • Repérer les comptines dans le livre des comptines. • Mémoriser la suite des nombres jusqu'à 4.	• Lire le nombre des absents écrits par l'enseignant. • Repérer les comptines avec des chiffres et des nombres dans le livre des comptines.
Période 2	• Repérer les comptines dans le livre des comptines.	• Lire le nombre d'enfants présents dans un atelier ou un coin.
Période 3	• Jouer à « 1, 2, 3 Soleil ! ». • Repérer les comptines plus complexes dans le livre des comptines.	• Lire le nombre inscrit sur un panier contenant une collection.
Période 4	• Mémoriser la suite des nombres jusqu'à 4. • Savoir revenir en arrière : 3, 2, 1. • Savoir partir de 2.	
Période 5	• Dire des comptines de plus en plus complexes en utilisant la suite des nombres : – en collectif ; – en individuel ; – en avançant dans la comptine numérique. • Repérer les comptines dans le livre des comptines.	• Écrire avec l'aide de l'enseignant le 1 (si cela est possible).

Dénombrer
énombrer les bougies sur un gâteau d'anniversaire. associer à un nombre de doigts. associer à une autre collection d'objets. éitérer à chaque anniversaire des enfants de la classe. partir de janvier, passer au nombre 4. abriquer un collier comportant un nombre de perles donné. hercher la boite correspondant à la collection indiquée. énombrer sur un dé (fabriqué et ne comportant que 1, 2, 3) les constellations correspondant au nombre indiqué.
énombrer le nombre d'assiettes et de couverts nécessaires pour déjeuner à deux dans le coin dinette.
énombrer le nombre d'assiettes et de couverts nécessaires pour déjeuner à 3 dans le coin dinette. ouer à des jeux de société comme le jeu de la chenille ou le jeu du pommier.
énombrer des collections présentées de façon non conventionnelle : fruits dans une corbeille, illustrations d'un album.
epérer dans une collection les objets présentés par 2, par 3. ouer à des jeux de société comme les petits chevaux avec l'enseignant. ésoudre un problème portant sur les quantités : Les trois petits cochons (les décompositions du nombre 3).

Programmation annuelle
d'activités en Moyenne section

Construire des premiers savoirs et savoir-faire avec rigueur

	Acquérir la suite orale des mots-nombres	Écrire les nombres avec les chiffres
Période 1	• Connaître la comptine numérique au moins jusqu'à 4. • Utiliser les comptines : « 1, 2, 3, nous irons au bois... ».	• Reconnaître l'écriture des nombres de 1 à 4. • Reconnaître l'écriture des nombres un à quatre ordonnés. • Reporter chaque fois le nombre d'absents sur le tableau des absents.
Période 2	• Dire la comptine numérique jusqu'à dix.	• Inscrire les anniversaires de chaque enfant : « Paul a 4 ans ».
Période 3	• Proposer des jeux à compter dans la salle de jeux : 1, 2, 3 soleil, cache-cache...	• Compléter la pagination d'un album incomplète.
Période 4	• Compter le nombre de cases à parcourir dans un jeu de société.	• Reconnaître les chiffres sur un clavier • Saisir les nombres correspondant à de très petites quantités.
Période 5	• Compter le nombre de pièces nécessaires pour un jeu.	• Écrire le chiffre correspondant au nombre d'enfants présents dans un groupe. • Écrire les nombres apparaissant dans une recette.

Dénombrer
Dénombrer une collection d'objets jusqu'à 4. Dénombrer une collection jusqu'à 5. Dénombrer le nombre d'absents dans la classe d'un jour à l'autre.
Dénombrer le nombre d'enfants dans chaque atelier. Dénombrer le nombre de bougies d'anniversaire (lorsqu'il y a un gâteau).
Dénombrer très vite les collections des points des dominos en sa possession lors d'un jeu. **Le jeu de dominos,** pp. 130-131
Dire depuis combien de temps de temps un événement est fini.
Dire dans combien de temps un autre événement arrivera.

Programmation annuelle
d'activités en Grande section

Construire des premiers savoirs et savoir-faire avec rigueur

	Acquérir la suite orale des mots-nombres	Écrire les nombres avec les chiffres
Période 1	• Dire des comptines utilisant la suite des nombres : – en collectif ; – en individuel ; – en avançant dans la comptine numérique (Trois bâtons, Les pommes, La main, 1,2,3, nous irons au bois….). • Réciter la comptine numérique en commençant par un. • Mémoriser la suite des nombres jusqu'à 15. • Réciter la comptine numérique en s'arrêtant à un nombre donné.	• Chercher les différentes représentations du nombre et faire des cartes pour chaque représentation : – nombre d'objets représentés ; – écriture chiffrée ; – constellations ; – doigts ; – nombre représenté sur deux cartes à points ; – nombre indiqué sur la bande numérique. • Jouer au jeu de loto (nombres de 1 à 10). • Dans des situations de rituels, lecture de nombres écrits en chiffre. • Mettre en place des étiquettes chiffrées associées à des actions à effectuer.
Période 2	• Utiliser la frise des nombres affichée en classe et la pointer du doigt. • Avancer en comptant sur une piste d'un jeu de déplacement (jeu de l'oie, jeu de petits chevaux…). • Reprendre la mémorisation de la suite des nombres jusqu'à 15. • Reprendre la récitation de la comptine numérique en s'arrêtant à un nombre donné.	• Lire les nombres sur la bande numérique. • Écrire les nombres sur le calendrier. • En lien avec l'apprentissage de l'écriture, apprentissage du tracé des chiffres. • Aller chercher la carte nombre chiffrée qui correspond au nombre d'absents du jour.
Période 3	• Réciter la comptine numérique à partir d'un nombre donné (surcomptage). • Mémoriser la suite des nombres jusqu'à 20.	• Sous forme de jeu : trouver le nombre caché dans la bande numérique. • Jouer au jeu de loto (nombres de 1 à 20). • Donner une carte nombre chiffrée : dire le nombre.
Période 4	• Dans la salle de jeux : jouer à la passe à dix, à cache-cache (je compte jusqu'à…). • Mémoriser la suite des nombres jusqu'à 25. • Réciter la comptine numérique à rebours depuis 5.	• Faire un livre des nombres. • Écrire des nombres sous la dictée. • Numéroter les pages d'un album dont la pagination a été préalablement cachée.
Période 5	• Inventer une suite aux comptines numériques. • Réciter la comptine numérique à rebours depuis 20 de 2 en 2, de 5 en 5.	• Faire des dictées de nombres. • Jouer au jeu de loto (nombres de 1 à 30).

Dénombrer
énombrer les mots d'une phrase. ompter les absents. ompter les enfants dans un groupe, compter les enfants pour un jeu en activité physique. ompter les parts pour le goûter. énombrer les albums appartenant à un thème précis dans la BCD. ouer au Memory des nombres. e compter à un moment précis.
énombrer les mots d'une phrase. énombrer des syllabes en utilisant différentes manières de dénombrer : doigts, frappés. énombrer le nombre de tours effectués pendant la course d'activités physiques. ire dans combien de temps un événement aura lieu, à partir d'un calendrier de l'Avent par exemple. abriquer un jeu de cartes.
énombrer le nombre des présents. énombrer combien d'enfants n'ont pas de responsabilités. omparer le nombre de Kapla utilisés dans des tours préalablement construites. ettre les étiquettes du coin marchand.
staller le matériel pour les parcours des activités physiques dans la salle de jeux : compter le nombre de cerceaux, de caissettes, de pis… nécessaires.
omparer le nombre de garçons et de filles : inscrire chaque nombre. abriquer un livre à compter.

Programmation annuelle
d'activités en Petite section

Explorer des formes, des grandeurs, des suites organisées

Manipulation et verbalisation seront systématiquement associées avec un lexique précis.

	Formes
Période 1	• Encastrer des formes dans leur empreinte (boite dans laquelle il faut glisser des objets) par tâtonnement. • Jouer à des puzzles d'encastrement. • Encastrer des formes dans leurs empreintes en observant, en décrivant : c'est pointu, arrondi, droit, il y a une bosse, c'est creux… • Découvrir les dés et leurs caractéristiques : ils roulent, on peut inscrire des choses sur leurs côtés, ils ont plusieurs côtés, on les compte (6) (en fabriquer plusieurs, des rigolos, des utiles…). • Découvrir les images des puzzles et les encastrements. • Découvrir les formes des morceaux des puzzles (4 ou 6 morceaux) et des encastrements.
Période 2	• Reconnaître un cercle parmi d'autres ; trier des formes rondes. • Idem avec le triangle parmi d'autres : trier des triangles divers dans une collection de formes géométriques. • Fabriquer des sapins de Noël grâce aux triangles (découpage/collage) • Découvrir les pyramides. • Utiliser les pyramides pour la décoration de Noël. • Mettre ensemble les morceaux de puzzle en fonction des images mais aussi de la forme des morceaux. ▸ **Reconnaître et utiliser des triangles**
Période 3	• Reconnaître un objet rond dans un jeu de Kim • Découvrir les carrés dans les jeux de formes géométriques. • Comparer avec les triangles par manipulation (poser un triangle sur un carré). • Chercher des carrés autour de soi, dans la classe. • Réaliser des empreintes de triangles : – tracer un triangle avec un gabarit, puis à main levée ; – reconnaitre un triangle au toucher (jeu de Kim). • Lexique a utiliser : sommet, côté. • Reproduire des puzzles de plus en plus complexes (avec un nombre de morceaux plus grand).
Période 4	• Jouer avec les cercles ou les disques dans l'art (Sonia Delaunay…). • Réaliser des empreintes de formes rondes. • Faire des collages de disques de couleur. • Commencer à dessiner des cercles (en étant accompagné par l'enseignant). • Continuer à faire des puzzles.
Période 5	• Identifier toutes les formes géométriques au toucher (jeu de Kim). • Donner leurs caractéristiques. • Donner les caractéristiques d'une forme géométrique : la retrouver parmi la collection. • Rajouter le critère de la taille : « Je voudrais une grande forme géométrique avec 4 sommets et 4 côtés : c'est le grand carré. » • « Je voudrais la petite forme géométrique avec 3 sommets et 3 côtés, tu me donnes… le petit triangle. » • Continuer à faire des puzzles en augmentant le nombre de morceaux et en variant la complexité de pièce (jusqu'à 6 pièces).

Grandeurs	Suites organisées
/lanipuler un élément fluide (semoule…). Remplir, vider, transvaser. Jtiliser quelques contenants, les identifier, les nommer. Classer par taille (petit/grand) les poupées, les éléments du coin inette (assiettes, verres, casseroles…). **Trier, classer, ranger,** pp. 128-129	• Trier des objets selon un critère : la couleur, la nature (crayon, pinceau… ou éléments de jeux différents). • Les classer. • Poursuivre une collection d'éléments identiques : 11111111…
aire couler des récipients étroits vers des récipients larges puis nverse. Jtiliser des ustensiles de plus en plus précis : louche, cuillère, ipette. Classer par taille (petit/grand) des formes géométriques, des léments de jeux divers, des crayons…	• Manipuler les mêmes objets que précédemment. • Observer les propositions. • Proposer un modèle de collection de deux éléments : 12121212… • Reproduire un modèle de collection de deux éléments : 12121212….
/lettre la même quantité (d'eau ou de semoule) dans deux verres lentiques. Comparer la taille de deux objets : - fabriquer des tours ; - trouver laquelle est la plus haute. Comparer des longueurs : au Carnaval, s'habiller plus ou moins ong, avoir des accessoires plus ou moins larges, plus ou moins rands. .es comparer.	• Pour la fête des rois : décorer les couronnes avec un algorithme créé à partir de deux variables : 12121212… • Choisir pour cela des gommettes, des feutres, de la peinture… • Faire de de même avec les guirlandes du Carnaval en algorithme.
labiller les poupées de taille différente avec les vêtements de aille adaptée. Ranger sur les places de garage dessinées au sol les voitures elon leur taille. Jtiliser les objets gigognes pour résoudre les problèmes de range- nent.	• Reproduire une suite finie d'images, de gommettes… • Créer puis poursuivre un algorithme à deux éléments, par exemple : 1212121212…. • Repérer et reproduire l'ordre de formes géométriques dans une suite.
Classer tout le matériel de manipulation mathématique par taille petit/moyen/grand). Classer trois objets selon leur taille : verbaliser la comparaison. Classer des objets selon leur contenance.	• Décorer la chambre des poupées, le garage ou le coin cuisine avec une frise composée d'un algorithme de deux éléments.

Programmation annuelle
d'activités en Moyenne section

Explorer des formes, des grandeurs, des suites organisées

	Formes
Période 1	• Reconnaître cercle, carré et triangle. • Les nommer. • Les classer en les décrivant.
Période 2	• Reconnaître et nommer le rectangle. • Réaliser des dessins géométriques simples avec les pièces du Tangram.
Période 3	• Reconnaître cercle, disque, carré et triangle et rectangle. • Découvrir des solides (cube et pyramide). • Les manipuler ; les décrire ; observer la trace qu'ils laissent. • Les classer selon leur forme.
Période 4	• Utiliser un instrument : la règle. • Dessiner des formes planes. • Faire des puzzles de 12 à 15 pièces, puis 20 pièces suivant la réussite.
Période 5	• Reconnaître et nommer cercle, carré, triangle et rectangle. • Approcher les solides (cube, pyramide, boule, cylindre). • Faire rouler les solides qui le peuvent ; observer la trace qu'ils laissent.

Grandeurs	Suites organisées
Ranger des images de la plus petite à la plus grande. Ranger des images de la plus grande à la plus petite.	• Réaliser un algorithme avec du matériel (perles, pions, gommettes). • Créer ou poursuivre un algorithme faisant varier un seul critère : ABABAB.
Jouer avec des balances au coin marchand. Comparer intuitivement des masses : lourd/léger, plus lourd/plus léger.	• Réaliser un algorithme avec du graphisme. • Créer ou poursuivre un algorithme à deux variables : – AABBAABBAA ; – ABBABBABB…
Classer des objets selon leur taille : longueur, hauteur, surface, volume. Comparer sa taille à celle des autres : en motricité, se ranger par ordre de taille.	• Créer ou poursuivre un algorithme à trois variables : ABCABCAB-CABC...
À l'aide de bâtonnets, réaliser des longueurs égales, plus grandes, plus petites. Classer des objets en fonction de leur contenance. Manipuler par transvasement : observer.	• Créer ou poursuivre un algorithme à 3 variables en faisant varier des critères de formes / couleurs, quantités : – AABBCCAABBCCAABBCC ; – ABBCABBCABBCABBC.
Mettre en place des activités permettant d'apprécier la notion de durée, de manière subjective puis de manière objective : jouer avec le sablier, le calendrier, la pendule : - temps d'une activité ; - temps d'un projet ; - temps d'une compétition.	• Créer ou poursuivre un algorithme à trois variables en faisant varier des critères de formes/couleurs, quantités : – ABAABBAAABBB ; – ABBCCCABBCCCABBCCC.

Programmation annuelle
d'activités en Grande section

Explorer des formes, des grandeurs, des suites organisées

	Formes
Période 1	• Jouer avec les formes : – Tangram ; – jeu de Kim ; – puzzles. • Réaliser un puzzle de 15 à 30 pièces à partir d'une image. • Reconnaître des figures dans des assemblages complexes. • Identifier et utiliser ces figures pour réaliser des solides qui peuvent être construits avec différents matériaux.
Période 2	• Caractériser une figure avec un vocabulaire précis. • Classer des solides en comptant le nombre de faces et de sommets : cube, pyramide.
Période 3	• Expliquer pourquoi c'est un triangle. • Expliquer pourquoi ce n'est pas un triangle. • Effectuer des jeux de pavages. • Reproduire les figures d'un Tangram (utilisation du retournement).
Période 4	• Présenter un rectangle : expliquer pourquoi c'est un rectangle. • A contrario, expliquer pourquoi la forme présentée n'est pas un rectangle. • Associer un solide à une de ses empreintes. • Associer un solide avec son patron de construction.
Période 5	• Réaliser des dessins géométriques avec les pièces géométriques du Tangram.

Grandeurs	Suites organisées
Réaliser des bandes de papier pour chaque enfant afin de mesurer la taille. Comparer chaque bande avec celle fabriquée l'année passée (plus petite, plus grande, de la même taille, mètre, centimètre). Ranger plus de quatre objets selon leur longueur. Réaliser des comparaisons indirectes en ayant recours à un étalon. Construire un objet de même longueur qu'un objet donné. Effectuer des comparaisons par transvasement direct.	• Découvrir une règle. • Suivre et respecter la règle. • Inventer soi-même une règle et la suivre. • Respecter la succession. • Activités physiques : – Alterner fille garçon sur ligne, une colonne. – Alterner des enfants debout/assis/accroupis. • Faire des parcours en respectant une alternance : par exemple passer dans un cerceau rouge, puis dans un bleu puis dans un rouge… • Disposer un parcours en alternant cerceau/caissette. • Faire passer un enfant au-dessus la corde, en-dessous la corde.
Comparer des contenances de différents récipients en ayant recours à un récipient « mesureur » (pot de yaourt, cuillère, verre…). Comparer ces contenances.	• Respecter la régularité de l'alternance. • Coins jeux : – Dans le coin cuisine, alterner le rangement fourchette/cuillère. – Dans le coin garage, alterner voiture rouge/voiture bleue. • Avec les jeux de construction, faire des chemins ou des tours avec des pièces de couleurs différente en construisant un algorithme 1/1. • Reproduire la même série. • Continuer la même série.
Utiliser la balance : - pour savoir qu'un objet est plus lourd qu'un autre ; - pour réaliser un objet aussi lourd qu'un autre. Manipuler un pèse-personne avec différents objets. Mesurer son poids et le noter sur une fiche. Réitérer cette opération à la fin de l'année et comparer.	• Inventer soi-même une règle et la suivre. • Faire intérioriser des suites sonores en musique : – des instruments simples ; – des onomatopées vocales ; – des séries rythmiques. • Reproduire la même série. • Continuer la même série.
Repérer la taille d'une plante sur une baguette en bois. Mesurer la taille d'une plante à différents moments de sa croissance (haricot, bulbe de printemps). Comparer quelques poids d'enfants : évoquer les mots « lourd », « léger », le mot « kilogramme ».	• Jouer à deux. • Élaborer des suites récurrentes. • Élaborer des pavages (suites obtenues par doubles translations).
Effectuer des tracés en respectant une consigne : « trace un trait, un deuxième trait plus grand, un troisième trait plus petit… » Comparer des masses avec la balance de type « Roberval » : - comparer la masse d'objets courants et de tailles différentes ; - différencier la notion de taille et de masse ; - réaliser des équilibres. Construire une toise.	• Inventer une règle et la suivre. • Faire bouger les variables : – formes ; – tailles ; – couleurs ; – nombre d'objets ; – nombre de critères ; – séquences de base : complexifier à l'infini la séquence de base. • Élaborer des rosaces (suites obtenues par rotation).

5 Explorer le monde

Explorer le monde comporte plusieurs volets aussi différents et en même temps aussi complémentaires que sont le temps, l'espace, le vivant, les objets, l'hygiène ou le numérique.

La démarche active vécue à chaque instant dans cette exploration du monde est soutenue par les échanges langagiers entre les élèves et l'enseignant(e), entre les élèves entre eux, et ce dès la petite section. Les élèves cherchent, constatent, imaginent, échangent, pensent, comprennent, créent, agissent.

Ce que dit le programme

Le temps

L'enfant passe doucement d'un temps personnel à un temps continu, organisé, structuré. Il acquiert un vocabulaire de plus en plus riche. L'enseignant(e) organise la structuration du temps afin de poser des jalons chronologiques mais aussi jalonner le temps social (temps de la journée, succession des mois et de l'année…). Il (elle) se sert d'outils pour mesurer le temps, sa durée et de ce fait prend en compte la structuration de l'espace.

L'espace

De 2 à 6 ans, l'enfant passe d'un espace intuitif à un espace construit. Il intériorise la localisation des objets, les actions spatiales, les notions relatives, apprend où est sa droite, où est sa gauche, acquiert la compréhension des rapports des objets entre eux. Il apprend à se déplacer dans son environnement immédiat, l'école, effectuer des itinéraires en fonction de consignes variées. Il découvre d'autres milieux, d'autres pays et cultures en lien avec le vécu et sait en rendre compte par des récits, puis par des représentations graphiques.

Le monde du vivant, de la matière et des objets

Les élèves vont devoir également explorer le monde du vivant, le monde de la matière et des objets. Pour cela, ils partent du quotidien, observent le réel, utilisent, fabriquent et manipulent des objets. Ils apprennent à relier le choix d'une action à un outil, prévoient une suite d'actions en vue de fabriquer un objet, montent et démontent des appareils et des constructions. Ils échangent entre eux, avec l'enseignant(e) afin d'expliciter, de justifier leur démarche. Ils s'intéressent à l'hygiène, à la sécurité et à l'environnement. Ils acquièrent un lexique de plus en plus important.
Ils commencent à entrer dans le monde du numérique et à utiliser ses outils.

Comment le mettre en œuvre

Le rôle de l'enseignant(e)

Observer les élèves dans leurs manipulations. Les encourager.
Les laisser se familiariser avec la matière, les objets.
Les encourager à distinguer le vivant du non vivant.
Les écouter.
Les laisser émettre des affirmations, des hypothèses.
Questionner leurs affirmations.
Leur donner des explications.
Les encourager dans leur mode de raisonnement, de jugements.
Développer des postures de chercheurs.
Proposer plusieurs modes d'investigation.
Les amener à résoudre les problèmes posés.
Définir les niveaux d'exigence et les niveaux de formulation.
Apporter de la documentation.
Préparer des enquêtes et des visites.
Confronter les résultats dans une synthèse de classe : formuler une connaissance propre à la classe.
Avancer dans la perspective de la généralisation d'une connaissance.

Proposer des situations similaires, de nouveaux questionnements pour qu'une adaptation des investigations soit faite.
Mener les débats, la réflexion dans le groupe d'enfants et la manière dont on le fait.
Communiquer le résultat des travaux de la classe.
Alterner les moments d'exploration libre et de focalisation (le langage pilotant l'action : c'est le début du raisonnement et de la conceptualisation).
Préparer les traces (orales ou écrites, elles jouent un rôle important pour la mémorisation mais aussi pour articuler travail collectif et travail individuel).

Mettre en situation

Organiser des coins sciences, des ateliers sciences, des espaces sciences autour des matériaux, des aimants, des phénomènes électriques, de l'eau, de l'air...
Mettre en place des observations, des mesures de durée, des recherches sur l'équilibre ou sur la pesée...
Les enfants vont expérimenter, participer, comprendre, échanger.

Poser des situations problèmes

- Comment pousse une plante ?
- De quoi a-t-elle besoin pour vivre ?
- Que deviennent les plantes mortes ?
- Quels sont les besoins essentiels des animaux ? (prendre un exemple d'élevage simple).
- Sont-ils tous identiques ?
- Comment fabriquer un pantin ?
- Pourquoi doit-on se laver ? Etc.

Aider au repérage du temps et de l'espace

- Travailler les notions de chronologie et de durée. Explorer l'espace.
- Le représenter et découvrir différents milieux.

Installer l'exploration du monde du vivant

- Le sensoriel : explorer les sensations de la vue, du toucher, de l'ouïe et du goût.
- Le vivant : la discrimination entre plantes vivantes et non vivantes ; les soins apportés aux plantes ; le cycle temporel de vie des plantes ; le vivant/non-vivant.
- L'hygiène corporelle.
- La matière : eau, air ; tri des déchets.
- Les objets : aimants, bateaux, balances, appareils électriques, balles, boules ou billes, miroirs...
- La prévention des accidents domestiques : prendre en compte les risques liés à certaines activités ou certains outils utilisés, savoir que certains produits sont toxiques.

Partir du quotidien, observer le réel

- Utiliser, fabriquer et manipuler des objets.
- Apprendre à relier le choix d'une action à un outil.
- Ordonner une suite d'actions en vue de fabriquer.
- Monter/démonter.

Utiliser des outils numériques

- Utiliser des appareils photos numériques, des ordinateurs, des tablettes pour soutenir un projet.
- Entrer en contact avec d'autres classes, d'autres écoles à l'aide d'Internet.

Éléments de progression pour l'école maternelle

Le temps et l'espace

Petite section	Moyenne section
• Repérer la répétition des différents moments de la matinée. • Repérer la répétition des différents moments de la journée. • Nommer les différents moments de la journée. • Différencier le jour de la nuit.	• Repérer la répétition des événements de la semaine passée dans la classe. • Nommer les différents moments de la semaine. • Appréhender le caractère cyclique des jours. • Créer un calendrier.
• Reformuler avec ses mots des histoires connues. • Repérer la structure de l'histoire (début/milieu/fin). • Repérer sur les photos /images les différents épisodes d'une histoire. • Reconstituer l'histoire avec les images dans l'ordre, puis la reformuler. • Marquer des connecteurs de temps comme « ensuite ».	• Raconter une histoire connue en s'appuyant sur la succession des illustrations. • Restituer la trame narrative d'une histoire connue avec un support visuel (utiliser des phrases simples et le passé composé). • Restituer la trame narrative d'une histoire connue sans support. • Nommer les personnages, les lieux d'une histoire connue.
• Reformuler un récit, un épisode vécu (ensemble ou pas) ou une description, de manière chronologique. • Introduire un ou deux marqueurs temporels : avant, après.	• Comprendre l'opposition présent/passé. • Appréhender la notion de temps qui passe à travers des situations de manipulation. • Puis comparer des événements en fonction de leur durée. • Introduire des marqueurs temporels plus nombreux : avant, après, puis…
• Observer des objets fixes par rapport à d'autres objets fixes : sur/sous, dans/à côté, dedans/dehors. • Réaliser des actions en lien avec des objets fixes : sur/sous, dans/à côté, dedans/dehors.	• Se situer par rapport à un objet, à une personne. • Situer les autres et les objets par rapport à soi. • Disposer les objets les uns par rapport aux autres en suivant les consignes de l'enseignant(e) puis d'un pair. • Communiquer à l'autre la position d'un objet caché.
• Prendre des repères dans des espaces proches : identifier les différentes parties de la classe et les espaces proches de la classe.	• Prendre des repères dans l'espace de la classe et de l'école. • Identifier les lieux. • Les nommer.
• Suivre le déplacement du groupe en respectant les consignes orales du maître. • Diversifier les lieux et les directions opposées. • Suivre un parcours installé en salle de jeu en respectant les indications données : départ, sens du parcours, arrivée. • Suivre un parcours dont les indications de sens sont données par des flèches.	• Suivre des consignes orales de déplacement. • Se déplacer en suivant un codage : flèches et personnages symbolisés. • Verbaliser le sens des déplacements.
• Manipuler des objets pour construire (jeux d'emboitement, d'empilement). • Réaliser des encastrements. • Faire des puzzles simples.	• Situer les pièces d'un puzzle les unes par rapport aux autres en utilisant les repères d'une image. • Jouer à des jeux favorisant la mémoire visuelle et spatiale.
• Occuper l'espace de la feuille. • Organiser l'espace de la feuille selon des modalités différentes. • Chercher dans des livres documentaires les animaux qui se tiennent debout.	• Se repérer dans l'espace de la feuille. • Se repérer sur une ligne orientée. • Suivre des consignes graphiques.
• Reformuler avec ses propres mots des histoires connues avec des marqueurs spatiaux. • Repérer les lieux dans lesquels se trouvent les héros de l'histoire.	• Reformuler une histoire avec des marqueurs spatiaux. • Repérer puis décrire les chemins des héros. • Isoler un ou deux marqueurs spatiaux et reformuler.

Grande section	Ce qui est attendu des enfants en fin d'école maternelle
• Repérer et nommer les différents moments de la journée, de la semaine. • Prendre des repères sur le mois, l'année : événements calendaires, saisons. • Utiliser des repères relatifs aux rythmes de la journée ; des événements calendaires.	**• Situer des événements vécus les uns par rapport aux autres et en les repérant dans la journée, la semaine, le mois ou une saison.**
• Restituer la trame narrative d'une histoire connue avec supports visuels. • Raconter une histoire connue sans supports visuels. • Employer les connecteurs de temps et les temps du passé. • Inventer une courte histoire avec des images. • Inventer une courte histoire sans images.	**• Ordonner une suite de photographies ou d'images, pour rendre compte d'une situation vécue ou d'un récit fictif entendu, en marquant de manière exacte succession et simultanéité.**
• Comprendre puis exprimer l'opposition passé/présent. • Comprendre puis exprimer l'opposition présent/futur en utilisant correctement le lexique, la conjugaison, les connecteurs temporels.	**• Utiliser des marqueurs temporels adaptés, (puis, pendant, avant, après…) dans des récits, descriptions ou explications.**
• Se situer par rapport aux objets, aux autres. • Décrire en vue de son identification une image avec des formes ou des objets disposés les uns par rapport aux autres.	**• Situer des objets par rapport à soi, entre eux, par rapport à des objets repères.**
• Prendre des repères dans un environnement proche de l'école. • Identifier ces repères. • Les nommer.	**• Se situer par rapport à d'autres, par rapport à des objets repères.**
• Suivre un parcours en respectant le codage. • Décrire le codage réalisé. • Représenter un parcours (réalisé puis à réaliser) en utilisant des éléments miniatures. • Représenter un parcours (réalisé puis à réaliser) schématisé. • Comprendre et utiliser le vocabulaire du repérage et des relations dans l'espace.	**• Dans un environnement bien connu, réaliser un trajet, un parcours à partir de sa représentation (dessin ou codage).**
• Mémoriser l'espace graphique sous forme de quadrillage, de pistes en jouant à des jeux de Memory, de déplacement (jeux de l'oie, jeux de petits chevaux, jeux de Kim visuel…).	**• Élaborer des premiers essais de représentation plane, communicables (construction d'un code commun).**
• Repérer le haut et le bas de la page. • Repérer des éléments sur le plan vertical (tableau) et les transférer sur le plan vertical en verbalisant. • Organiser une composition en respectant des directions.	**• Orienter et utiliser correctement une feuille de papier , un livre, ou un autre support d'écrit, en fonction de consignes, d'un but ou d'un projet précis.**
• Raconter, décrire, expliquer une histoire en employant les marqueurs spatiaux adaptés. • Décrire une image en employant les marqueurs spatiaux adaptés.	**• Utiliser des marqueurs spatiaux adaptés (devant, derrière, droite, gauche, dessus, dessous…) dans des récits, descriptions ou explications.**

Éléments de progression pour l'école maternelle

Le monde du vivant, des objets et de la matière

Petite section	Moyenne section
• Observer les transformations d'une plante au fil du temps. • Discriminer plantes vivantes et non vivantes (artificielles). • Trouver un des besoins de la plante pour se transformer : l'eau. • Observer des escargots. • Faire la différence entre coquille vide et coquille pleine, escargot vivant ou escargot mort. • Chercher à rendre l'escargot plus actif (eau, température, lumière).	• Renforcer la notion de vivant. • Observer une plante : trouver son schéma d'organisation général, aérien/souterrain (racines, tige, fleurs, feuilles, fruits). • Constater que chez les escargots, il y a des petits et des grands, des espèces différentes. Appréhender leur régime. Comparer avec notre alimentation.
• Observer le vivant en situation (animal et végétal) : formes, couleurs, textures. • Manipuler : apporter des soins à une plante, un être vivant. • Manipuler : planter et récolter.	• Observer le vivant en situation : associer les animaux et les plantes à leur milieu de vie (mode de déplacement, besoins en alimentation, en eau, en air, en lumière). • Garder une trace des observations faites. • Respecter la vie végétale et animale.
• Désigner les différentes parties du corps. Les nommer.	• Affiner la perception de son corps. • Nommer les différentes parties de son corps en donnant des détails. • Reconstituer un corps articulé.
• Découvrir quelques règles d'hygiène simple. Les appliquer avec l'aide de l'adulte. • Comprendre que tous les produits ne doivent pas être mangés. • Explorer la vue (couleurs, formes, brillances…). • Reconnaître les éléments sonores du monde proche. • Explorer le monde des saveurs du monde proche (goût, odeurs). • Explorer tactilement des surfaces, des formes.	• Appliquer les règles d'hygiène comme le brossage des dents. • Apprendre à identifier goûts et saveurs. • Décrire avec précision ce que l'on voit. • Explorer les sensations de l'ouïe et les nommer (aigu /grave). • Nommer et classer les saveurs dominantes : acide, salé, sucré, amer. • Explorer tactilement les sensations du toucher et les nommer (rugueux, lisse, doux…).
• Découvrir toutes sortes de matériaux : les manipuler (déchirer ; modeler ; tailler ; coller ; transporter…). • Observer les effets de son action sur la matière. • Repérer des matières ayant une caractéristique précise : l'eau, l'air… • Manipuler des outils spécifiques. • Observer leurs actions.	• Observer et décrire les transformations sur certains matériaux (mélanges de couleurs ; glaciation ; chaleur). • Caractériser les propriétés de la matière. Les verbaliser • Renforcer la prise en main d'outils différents. • Transformer une matière avec un ou des outils (terre, bois…).
• Manipuler sans consignes, puis avec consignes, des jeux de construction.	• Monter un assemblage de pièces de jeux de construction : sans consignes ; avec consignes. • Les démonter. • Fabriquer des objets imaginaires.
• Jouer avec le ou les ordinateurs, la ou les tablettes de la classe • Manipuler les touches, l'écran, voir les effets des manipulations. • Connaître le vocabulaire de base des objets numériques.	• S'approprier le fonctionnement de l'écrit avec une tablette, un ordinateur : écrire son prénom, des mots recopiés. • Découvrir d'autres jeux : mathématiques, logiques…
• Faire l'inventaire des risques dans la classe. • Élaborer des règles de sécurité avec l'enseignant. • Les comprendre. • Les appliquer quotidiennement. • Les étendre à l'école.	• Identifier des risques domestiques. • Élaborer des règles et un code de sécurité. • Le comprendre, le respecter, • Créer un code du piéton dans la cour à l'occasion de jeux de vélos et tricycles.

Grande section	Ce qui est attendu des enfants en fin d'école maternelle
• Identifier le rôle des différentes parties de la plante : racines, feuilles, fleurs, fruits • Faire des expérimentations simples sur les conditions de vie des végétaux. • Poser les questions : que mangent les escargots ? par qui sont-ils mangés ? où vivent -ils ? • Faire des recherches documentaires. • Appréhender la notion de chaine alimentaire.	• **Reconnaître les principales étapes du développement d'un animal ou d'un végétal, dans une situation d'observation du réel ou sur une image.**
• Observer le vivant en situation : la reproduction (associer les animaux à leurs petits). • À partir des observations faites et transmises dans le carnet d'observation au fil du cycle, appréhender la notion de cycle du vivant. • Différencier le vivant du non vivant.	• **Connaître les besoins essentiels de quelques animaux et végétaux.**
• Savoir nommer les différentes parties du corps en prenant en compte les articulations (avant-bras jusqu'au poignet, jambe jusqu'au genou). • Faire la différence entre parties molles et parties dures (squelette).	• **Situer et nommer les différentes parties du corps humain sur soi ou sur une représentation.**
• Se comporter face aux autres en respectant son propre corps et le corps des autres (dans la classe, dans les toilettes, dans l'école) • Faire la distinction entre les aliments des différents groupes. • Enrichir le lexique de la vue. • Reconnaître un objet au son qu'il produit lorsqu'on le frappe en justifiant son choix (lien avec la matière (métal, bois…). • Explorer le monde des odeurs, reconnaître quelques odeurs caractéristiques. • Reconnaître un objet au toucher en justifiant son choix.	• **Connaître et mettre en œuvre quelques règles d'hygiène corporelle et d'une vie saine.**
• Approfondir les manipulations : classer, désigner, définir les qualités des matériaux. • Utiliser le vocabulaire approprié. • Relier une action ou le choix d'un outil à l'effet qu'on veut obtenir.	• **Choisir, utiliser et savoir désigner des outils et des matériaux adaptés à une situation, à des actions techniques spécifiques (plier, couper, coller, assembler, actionner…).**
• Découvrir un mode d'emploi. • Distinguer les différentes parties d'un mode d'emploi et son utilité. • L'utiliser dans un projet de classe avec une illustration /sans illustration.	• **Réaliser des constructions : construire des maquettes simples en fonction de plans ou d'instructions de montage.**
• Découvrir Internet et la possibilité d'envoyer des messages dans le contexte de projets de classe. • Aborder la ponctuation. • Utiliser majuscules/minuscules. • Effacer/Imprimer. • Découvrir des appareils photos simples • Cadrer des photos, les utiliser dans un projet de classe.	• **Utiliser des objets numériques : appareils, photos, tablettes, ordinateurs.**
• Repérer une situation inhabituelle ou de danger. • La signaler. • Respecter l'environnement : lieux ; vivant ; entretien du jardin ; soins aux animaux ; repérage des nuisances. • Trier des déchets.	• **Prendre en compte les risques de l'environnement familier proche (objets et comportements dangereux, produits toxiques).**

Programmation annuelle
d'activités en Petite section

Le temps

	Stabiliser les premiers repères temporels
Période 1	• Mettre en place des habitudes répétitives. Utiliser les différents repères qui rythment le fonctionnement de la classe l'accueil, les rituels du matin (étiquettes, jeux, heures remarquables : sorties, restaurant scolaire, activités physique…). • Repérer et nommer la répétition des différents moments de la journée. • Dès la fin de matinée, évoquer avec les enfants ce qu'il s'est passé dans la matinée. • Reconnaître des photos de moments passés à l'école. Évoquer ces moments (moi j'ai fait ça, moi j'ai fait).
Période 2	• Organiser l'emploi du temps de la demi journée avec des photos. S'y référer régulièrement. • Situer les événements les uns par rapport aux autres grâce aux photos. • Manipuler ces repères : utiliser des tableaux d'appel, de fréquentation des coins de la classe. • Constituer des groupes par activité. • Introduire le prêt à la BCD. • Faire l'accueil dans un autre lieu (salle de jeux, BCD…). • Emporter l'animal de la classe, la poupée, la tablette, pendant le week-end à tour de rôle.
Période 3	• Faire comprendre à l'enfant l'importance des repères temporels en cassant les rythmes habituels : faire l'accueil dans un autre lieu (salle de jeux, BCD…) ou bien pas d'accueil du tout. • Repérer la trame narrative d'une histoire sur une bande chronologique au fur et à mesure de la compréhension. • Ordonner deux, trois ou quatre images séquentielles.
Période 4	• Repérer sur une bande de jours de semaine les jours avec et sans école. • Différencier ces jours avec des activités spécifiques (photos). • Écouter et comprendre des albums qui structurent la semaine (la chenille qui fait des trous).
Période 5	• Mettre en rapport photos et lieux dans lesquels elles ont été prises (espace /temps). • Utiliser des connecteurs simples : avant, après , il était une fois, soudain, un jour, une nuit, puis, enfin, soudain, aussitôt.

L'espace

	Faire l'expérience de l'espace
Période 1	• Se repérer dans les espaces immédiats ; identifier les différentes parties de la classe, avec ou sans l'accompagnement physique ou verbal de l'enseignant(e). ▸ **Se situer dans la classe** • Suivre le déplacement du groupe : dans la salle de jeux ; dans les couloirs de l'école ; dans la cour de récréation. • Diversifier les lieux et les directions proposées.
Période 2	• Mémoriser la situation spatiale de la classe. Ranger les objets à leur place. • Réaliser des actions en lien avec des objets fixes en faisant appel aux notions de : sur, sous, dans, à côté, dedans… • En activités physiques, suivre un parcours organisé matériellement en repérant le début et la fin. ▸ **Ranger le couloir,** pp. 134-135
Période 3	• Identifier et nommer les lieux de la classe sur des photos • Repérer et comprendre leur fonction. • Réaliser des actions avec des objets : les mettre sur, sous, dedans, dehors, à côté de. • Suivre un déplacement en respectant les consignes orales : vers (*la porte*), sur (*le banc*)…
Période 4	• Suivre un parcours installé en salle de jeux en respectant les consignes données. • Identifier le lieu où se trouve la mascotte de la classe à partir de photos prises au préalable par le maître. • Retrouver la mascotte.
Période 5	• En lien avec le développement de l'autonomie, aller seul aux toilettes, aller chercher ATSEM, aller chez le directeur… pour porter des messages par exemple. • Indiquer la position de deux objets l'un par rapport à l'autre.

Introduire les repères sociaux	Consolider la notion de chronologie	Sensibiliser la notion de durée
êter les premiers anniversaires de la classe vec l'aide des familles des impétrants. aire des tableaux de fêtes d'anniversaire pour s illustrer et les accrocher chronologiquement ur un long panneau à hauteur des enfants.	• Ordonner les repères vécus : reconstituer progressivement une partie de la journée vécue en commun (un ou deux moments), en faire le récit. • Faire le récit d'un moment vécu à la maison.	• Cette notion ne se met en place que vers 4 ans de façon subjective (*cf. BO*).
ccrocher un panneau illustrant la fête de loël dans la classe à la suite des anniver- aires et d'autres fêtes et continuer ainsi usqu'à la fin de l'année.	• Écouter deux bruits entendus très différen-ciés : les reproduire dans l'ordre chronolo-gique.	• Cette notion ne se met en place que vers 4 ans de façon subjective (*cf. BO*).
itualiser les débuts et fins de demi-journées.	• Situer le temps vécu à l'école en situant sur des images des événements précis. • Faire le récit d'une activité vécue en classe à un absent.	• Cette notion ne se met en place que vers 4 ans de façon subjective (*cf. BO*).
nscrire sur le grand « repérage de photos » s plantations de graines ou de bulbes.	• Respecter le déroulement de la danse. • Ranger dans le temps deux ou trois ou quatre photos de la vie quotidienne en prenant des indices.	• Cette notion ne se met en place que vers 4 ans de façon subjective (*cf. BO*).
	• Comprendre le vocabulaire « maintenant, avant, après » pour relier deux activités. • Respecter le déroulement d'une danse en comprenant le déroulement chronologique.	• Cette notion ne se met en place que vers 4 ans de façon subjective (*cf. BO*).

Représenter l'espace	Découvrir différents milieux
ccuper tout l'espace de la feuille en peinture : faire des em-reintes dans toute la feuille. rganiser l'espace de la feuille selon différentes modalités et au fil du temps. éaliser des puzzles simples.	• Se repérer dans les espaces proches : salle de jeux, toilettes, cour de récréation.
oller des gommettes sur une ligne. oller des gommettes qui ne se touchent pas. écrire l'espace de la classe : les murs, les fenêtres, les portes. ugmenter la difficulté des puzzles.	• Cette notion se met en place progressivement à partir de l'environ-nement proche (*cf. BO*).
ontinuer de décrire l'espace de la classe : le mobilier, sa place (le oin peinture est à côté du lavabo, le coin dînette est à côté de la enêtre…). Vérifier sur les photos.	• Identifier et nommer les lieux de l'école sur des photos • Repérer et comprendre leur fonction.
oller des gommettes tout en haut de la feuille. dentifier un espace de la classe à partir de la description faite.	• Cette notion se met en place progressivement à partir de l'environ-nement proche (*cf. BO*).
hercher la photo de l'espace de la classe, puis de l'école corres-ondant à la description faite par l'enseignant(e), par un élève.	• Cette notion se met en place progressivement à partir de l'environ-nement proche (*cf. BO*).

Programmation annuelle
d'activités en Moyenne section

Le temps

	Stabiliser les premiers repères temporels
Période 1	• Commencer à coder l'organisation de la classe. • Mettre son étiquette en arrivant. • Signer et dater son dessin. • Ranger ses affaires…
Période 2	• Fabriquer des repères : – coder une recette ; – coder l'emploi du temps de la classe (en commençant par une demi journée). • Vivre dans la classe en utilisant les repères définis précédemment. • Définir les règles de vie.
Période 3	• Décoder des repères précis : décoder des suites de photos, d'images. • Coder le calendrier d'une semaine.
Période 4	• Établir un projet avec l'enseignant(e). • Noter les différentes étapes sur une bande linéaire. Se donner des repères, s'y référer. Les vérifier.
Période 5	• Relire en fin de semaine le cahier de vie. Faire le point sur les apprentissages de la semaine.

L'espace

	Faire l'expérience de l'espace
Période 1	• Se situer dans la classe. • Dire l'usage des différents coins, nommer les objets qui s'y trouvent, situer leur place dans l'espace. • Présenter les coins de la classe aux parents. • Expérimenter des positions relatives du mobilier de la classe : les chaises sont autour des tables, alignées, devant… • Reprendre ces « manipulations » dans la salle de jeux, la BCD, la cour de récréation…
Période 2	• Se situer dans l'école et nommer les lieux traversés : la salle de jeux, la classe de Mme X… • Dire les règles de vie qui s'y rattachent et rappeler les personnes qui y travaillent. • Jouer à cache-tampon dans la classe.
Période 3	• Décrire une œuvre d'art en utilisant du vocabulaire spatial : par exemple « Le déjeuner sur l'herbe » de Manet, avec premier plan et arrière plan. • Retrouver un objet placé dans la cour à partir d'indications orales du maître puis d'un pair. • Aller chercher un objet dans les mêmes conditions.
Période 4	• Faire des photos dans la classe, puis dans la cour. • Trouver la place du photographe à partir de photos de la cour. • Effectuer dans la cour de récréation un parcours du code de la route simple. Le décrire.
Période 5	• À partir de l'album *La chaise bleue* (L'École des Loisirs) : expliquer ce que l'on voit sur les illustrations et indiquer les positions relatives des objets sur les images. • Partir à la recherche de la poupée de la classe cachée dans l'école à partir des indices donnés par une photo.

Introduire les repères sociaux	Consolider la notion de chronologie	Sensibiliser la notion de durée
pprendre la comptine des jours de la emaine. scrire les anniversaires et les événements e la classe sur un grand calendrier. es anticiper en barrant les jours.	• Situer les événements de la demi journée puis de la journée complète : – décrire les photos des activités et les ordonner sur une bande horizontale ; – puis les ordonner avec un décalage dans le temps : un jour, deux jours, une semaine.	• Cette notion ne se met en place que vers 4 ans de façon subjective (*cf. BO*).
rendre conscience du changement de aison, noter ses changements de vêtements. abiller les poupées selon la météo.	• Ordonner la succession logique de représentations séquentielles vécues puis non vécues : un itinéraire, la frise numérique, une BD.	• Utiliser plusieurs formes de calendriers : cycliques pour montrer la durée, linéaires pour montrer l'écoulement du temps. • Construire une frise au fur et à mesure.
istinguer le passé lointain du présent : omparer des photos d'enfant de 0 à 3 ans. es ranger par ordre chronologique. ettre en évidence que tous ont été bébé.	• Comprendre et exécuter trois consignes successives données par l'enseignant. • En danse, enchaîner plusieurs mouvements. • Les décrire ensuite dans l'ordre.	• Annoncer aux élèves les heures de la journée : c'est la récréation, c'est l'heure du déjeuner…
pprendre la comptine des mois de l'année.	• Mémoriser une chronologie d'images, de sons : jeux de Kim sur la vue, l'ouïe, l'écoute… • Raconter l'histoire sonorisée.	• Mesurer la durée d'un jeu, d'une course dans la cour avec un sablier.
bserver le développement d'une plante. e décrire. rdonner chronologiquement ces différ nts états. En rendre compte.	• Utiliser les connecteurs de temps : avant, après, d'abord, ensuite, puis. • Expliquer et justifier une chronologie par le discours ou le récit dans tous les domaines.	• Commencer à percevoir la notion de durée en réalisant des recettes de cuisine (Quatre quart : 45 min, Roulé à la confiture : 10 min) ou en lisant un album long ou court.

Représenter l'espace	Découvrir différents milieux
eprésenter l'espace de la classe : au milieu de photos de classes fférentes, retrouver les photos de sa propre classe. xpliquer et justifier ses choix. ettre les photos dans les lieux photographiés.	• Cette notion se met en place progressivement à partir de l'environnement proche (*cf. BO*).
écrire un parcours dans l'école grâce à des photos. asser dans l'ordre les photos des pièces que l'on a traversées. ommer les actions à accomplir : « Pour aller… » e déplacer dans un labyrinthe tracé au sol.	• Reconnaître un trajet familier à l'extérieur de l'école (piscine, bibliothèque, gymnase…) sur des photos. • Choisir un chemin pour se rendre vers ce lieu. • Ne pas se mettre en danger dans ces trajets, ni autrui.
uivre un parcours codé au sol (par des cerceaux, des objets de uleur…). oder un parcours à l'intention d'un autre groupe.	• Aller au marché, au supermarché, dans la cité, dans le village… • Chercher à retracer l'itinéraire en revenant dans la classe, utiliser des photos, décrire le trajet et expliquer pourquoi on est passé par cet endroit. • Prendre en compte l'environnement de la vie de tous les jours : la propreté des lieux, les règles de sécurité, les rôles de chacun.
oder un parcours d'activités physiques avec le matériel adéquat ar manipulation). écoder le parcours d'activités physiques avec le matériel adéquat.	• Visiter un espace monumental (si possibilité) : un grand musée, un grand parc. • Décrire la visite avec le vocabulaire de l'espace. • Expliquer le trajet effectué dans cet endroit.
eprésenter le parcours d'activités physique en le dessinant, à par des maquettes réalisées, et disposer les symboles des différents jets sur un plan dessiné par l'enseignant(e).	• Partir à la découverte d'autres régions et d'autres pays à l'aide d'histoires et de contes.

Programmation annuelle
d'activités en Grande section

Le temps

	Stabiliser les premiers repères temporels	Introduire les repères sociaux
Période 1	• Émettre des hypothèses pour formuler ce qui a pu se passer avant ou se passera après. • Manipuler des images séquentielles dont l'une est cachée. • Inventer le début d'une histoire, d'une BD. • Inventer la fin de l'histoire, de la BD.	• Continuité et de répétition : observer les arbres dans la cour, le jardin ou la forêt dès le début de l'année. • Les représenter à différents moments de l'année. • Se référer à des travaux ou des photos prises les années précédentes (cycle de l'école maternelle).
Période 2	• Se constituer un capital historique à travers les contes traditionnels.	• Comprendre le temps de chacun : étudier les emplois du temps des classes voisines (ils sont en salle de jeux pendant que nous sommes en BCD).
Période 3	• Découvrir sa ville, son village. • Par exemple : la répétition du marché dans la semaine.	• Découvrir sa ville, son village. • Comprendre la vie humaine et l'organisation du temps. • Les rencontres (à relier avec le thème de l'espace). • Changement des bacs à fleurs, décoration des vitrines.
Période 4	• Prendre des repères historiques dans un musée.	• Comparer des moyens de communiquer : de la lettre au SMS du téléphone des arrière grands parents à Skype.
Période 5	• Prendre des repères du passé dans les monuments historiques de la ville.	• Comparer des photos d'autrefois concernant les vêtements, l'habitat, les modes de vie. • Interroger des grands-parents. • Découvrir des photos plus anciennes.

L'espace

	Faire l'expérience de l'espace	Représenter l'espace
Période 1	• Respecter une consigne de déplacement dans la classe : identifier la place du matériel ; se placer à un endroit donné sur demande de l'adulte. • Se déplacer de manière autonome dans l'école.	• Créer des symboles pour chaque lieu d'activités de classe. • Évoluer dans la classe. Coder les déplacements effectués.
Période 2	• Se déplacer en respectant les règles de déplacement dans des lieux hors l'école : piscine, gymnase…	• Créer des symboles pour chaque lieu de l'école. • Évoluer dans l'école. Coder les déplacements effectués • Comprendre et verbaliser les règles et les objectifs de ces codages.
Période 3	• Nommer les différents lieux d'activités de l'école. • Décrire les principaux espaces de l'école. Préciser les liens entre ces lieux : le dortoir est à côté de la classe des petits pour qu'ils puissent y dormir.	• Observer un plan de la classe dessiné par le maître et repérer les différents objets et mobiliers. • Observer les différents mobiliers de la cour sur un plan dessiné par le maître. • Représenter un parcours sur le plan de la cour.
Période 4	• Apprendre à décrire un espace : le nombre de murs, de fenêtres caractéristiques du mobilier (nombre de tables, de chaises…). • Trouver plusieurs chemins pour rejoindre un lieu de l'école à partir d'un point dans l'école.	• Dessiner une ville imaginaire, d'abord individuellement, puis collectivement. • En confectionner la maquette collectivement. • En activités physiques, représenter par le dessin ou sous forme de maquette les différents ateliers et leur emplacement dans la salle de jeux.
Période 5	• Associer différentes photos d'un même espace : décrire chaque espace de la maison ; les observer dans des albums, des catalogues, sur des photos, des tableaux ; repérer les points communs (mobilier, disposition, couleur, lumière…).	• Reproduire une composition d'objets en changeant de plan (vertical/ horizontal).

Consolider la notion de chronologie	Sensibiliser la notion de durée
aconter une histoire, un album, une expérience, en utilisant des onnecteurs de temps et les temps verbaux.	• À partir des outils construits en MS (calendriers linéaires sur une année, ou semaine par semaine) faire la correspondance entre semaine et mois. • Se familiariser et manipuler des outils culturels de mesure du temps pour prendre conscience des durées : sabliers, chronomètres, pendule de la classe, dateur des dessins…
éaliser la fiche technique de montage d'une construction avec les ifférentes étapes chronologiques.	• Prendre conscience de l'irréversibilité du temps : avec des photos sépia ; avec des fleurs qui fanent.
écouvrir sa ville, son village. a chronologie des événements dans une ville : la décoration des trines.	• Comparer le temps de fabrication d'un jeu avec celui d'un autre jeu. • Mesurer ce temps. • Chercher et utiliser le moyen de mesurer la durée efficacement.
e développement d'une plante : observer ; prendre des photos du éveloppement de la plante ; dessiner, mesurer, coller les informaons sur un calendrier ; raconter les étapes du développement.	• Comparer l'évolution de deux plantes. • Mesurer ce temps : chercher et utiliser le moyen de mesurer la durée efficacement.
lem pour un élevage.	• Mesurer le temps dans des activités physiques : découvrir le chronométreur pour des activités de course.

Découvrir différents milieux
voluer sur un parcours tracé au sol (piste routière) sans consignes, puis avec consignes. hanger le parcours ; le reconstruire. lettre en place un autre parcours.
tiliser des albums de jeunesse, comme « *Le voyage d'Oregon* », L'École des loisirs. iscuter d'autres environnements que le sien.
ffectuer un parcours simple à proximité de l'école, dans un environnement moins connu des élèves : une forêt, un parc, le quartier. dapter les réponses motrices des élèves au terrain. elever les observations des élèves. econstruire le parcours. onnaître les fonctions de la ville et de ses grands bâtiments. Décrire l'espace urbain. éaliser un compte rendu de la sortie : exploiter les photos prises pendant la sortie ; décrire les espaces visités.
rojeter un parcours dans la ville ou le village : reconnaître les différents commerces qui s'y trouvent ; les nommer. onnaître les fonctions de la ville et de ses grands bâtiments. Décrire l'espace urbain. éaliser un compte rendu de la sortie : exploiter les photos prises pendant la sortie ; décrire les espaces visités.
bserver des environnements peu connus en utilisant des films, des émissions de TV, des photographies (déserts, mégalopoles, tropiques, rêts équatoriales, océans…). changer des impressions, des interrogations.

Programmation annuelle d'activités en Petite section

Explorer le monde du vivant, des objets, et de la matière

	Découvrir le monde vivant	Explorer la matière
Période 1	• Nommer les différentes parties de son corps : tête, corps, jambe, main, pied, bras. • Apprendre des comptines sur le corps. • Observer les arbres et noter les transformations de l'automne : jaunissement, chute des feuilles. • Plantations : faire la différence entre bulbes et graines : les comparer, les classer. • Choisir l'endroit de plantation : voir les conditions d'arrosage. • Identifier les couleurs de différents objets. Mélanger des couleurs en pigment ou en liquide pour en créer d'autres. • Les retrouver dans leur espace habituel. • **La vue :** trier (des jouets, des perles, des jeux de construction…) par couleur, par forme. • Faire des panneaux de collections d'objets de différentes couleurs.	• Manipuler librement des matières diverses : graines, pâtes, sable… dans des bacs et avec des récipients différents. • Accepter de toucher, d'appréhender des matières molles : pâte à modeler pâte à sel, peinture au doigt. • En découvrir les qualités. • L'eau : se laver les mains, jouer librement au bac à eau. • L'air, le vent : remarquer les feuilles qui volent.
Période 2	• Apprendre à regarder et à respecter (si possible) les manifestations de la vie animale dans l'environnement proche : oiseaux, insectes. • Apprendre les règles d'hygiène de l'école : à faire ses besoins dans les toilettes, manger proprement, dormir avec d'autres enfants. • Se laver les mains régulièrement, en particulier chaque fois que l'on va aux toilettes, après un atelier salissant, avant le restaurant scolaire… • S'habiller, se moucher seul. • **L'ouïe :** écouter les bruits de la vie quotidienne. • Les identifier sur un enregistrement.	• Transvaser librement des matières diverses : graines, pâtes, sable … dans des bacs et avec des récipients différents. • Découvrir le papier : toucher des papiers de consistances différentes (froisser, déchirer mouiller, tenter de découper…). • L'air, le vent : sentir le vent sur son visage.
Période 3	• Observer (si possible et au moins quelques jours) un animal en classe : remarquer ses différentes fonctions vitales : mouvements, excrétions, respiration, éveil ; sommeil. • Reconstituer des puzzles représentant des personnages. • Faire pousser des jacinthes (bulbes) dans l'eau. • **Le goût :** parler du petit du petit déjeuner. • Déguster des fruits, des légumes, les nommer, les reconnaître à l'aveugle, étendre la palette des goûts et des saveurs au hasard des propositions culinaires.	• Manipuler des tissus : voilages, jerseys, draps… • Jouer avec. • L'eau : transvaser, remplir des contenants. • Repérer l'eau dans l'environnement : pluie, flaques, ruisseaux au bord des trottoirs, l'eau qui coule, qui est immobile. • En atelier cuisine : observer les effets de la cuisson sur la pâte, les fruits, les légumes…
Période 4	• Observer si possible un animal vivant. • Reconnaître les bruits d'un animal dans son environnement : oiseau, chien… • **Le toucher :** reconnaître et nommer les sensations de froid, de chaud, doux, piquant, dur, mou…	• Jouer devant le miroir. • Jouer avec le miroir.
Période 5	• Planter des graines à croissance rapide (haricots, lentilles) pour photographier les différentes étapes. • Ranger chronologiquement les photos. • **L'odorat :** reconnaître à l'odeur et à l'aveugle des objets familiers (fruits, bois…).	• S'habiller seul au lever de la sieste.

Utiliser, fabriquer, manipuler des objets	Utiliser des objets numériques
nfiler ses chaussures. lettre son manteau seul. u restaurant scolaire, bien tenir sa fourchette, sa cuillère. ommencer à utiliser un couteau. ourner correctement les robinets pour les ouvrir, pour les fermer. lanipuler les jeux de la classe : jeux de construction, cubes, Duplo, ros Lego… ommencer à manipuler des ciseaux.	• Découverte de la tablette : allumer, déverrouiller, connaître le bouton principal. • S'exercer à gérer la pression du doigt.
aire fonctionner les fermetures des vêtements : boutons, fermeure éclair, pressions. pprendre à les maîtriser sur les vêtements de poupées, su soiême. lanipuler les jeux de la classe : jeux de construction, cubes, Duplo, ros Lego (aligner ; empiler ; encastrer ; visser ; dévisser…).	• Ouvrir et fermer une application.
teliers cuisine : mélanger, étaler, couper, utiliser les bons outils. aire rouler les petites voitures en maitrisant de plus en plus la ajectoire. n situation, utiliser quelques objets techniques : passoire, cuillère, ouche, moulin à légumes, râpe…	• Choisir des jeux. • Se repérer dans les pages.
ouer devant le miroir. ouer avec le miroir.	• Découvrir des jeux logiques.
'habiller seul au lever de la sieste.	• S'approprier la tablette par des manipulations simples à l'écran.

Programmation annuelle
d'activités en Moyenne section

Explorer le monde du vivant, des objets, et de la matière

	Découvrir le monde vivant	Explorer la matière
Période 1	• Installer un élevage d'escargots dans la classe. • Mettre en place le suivi en photo d'une plante ou d'un arbre (fruitier) • Sortir de son milieu naturel pour observer, ramasser glands, noisettes, marrons, châtaignes : classer, dessiner et reconnaître sur des documents. **Hygiène** • Appliquer les règles d'hygiène apprises en Petite section (brossage des dents…). • Insister sur le lavage de mains. **Le toucher :** reconnaître des objets puis des matières sans les regarder. Les qualifier.	• Trier des objets selon la matière qui les compose : plastique, métal, carton, papier, bois, tissu… • Nommer ces matières. • Décrire leurs principales caractéristiques.
Période 2	• Lire histoires et documentaires : « Qui mange quoi ? » chez les animaux et les hommes. **Le goût** • Apprendre à identifier goûts et saveurs. • Étendre la palette de saveurs déjà vue en section de petits. La catégoriser. • Connaître les différentes parties du corps et leur usage. • Reconstituer une poupée cassée. • Planter des bulbes à l'intérieur et à l'extérieur et suivre par le dessin leur pousse. ▸ **Le corps en mouvement** **L'ouïe** • Reconnaître les instruments de musique de la classe, une mélodie. • Reconnaître des voix enregistrées. Écouter le silence.	**Le papier** • Agir : rouler ; plier ; coller ; déchirer… • Constater ses caractéristiques ; choisir le papier adéquat selon le projet. • Faire de même avec le carton : • Constater que les manipulations son plus difficiles avec le carton. • Utiliser de grandes surfaces de carton pour fabriquer des objets rigides.
Période 3	• Parler de son animal de compagnie ou de celui qu'on aimerait avoir : activités ; nourriture ; besoins… • Fabriquer un pantin. • Continuer à suivre par le dessin et la photo la pousse des bulbes dans les deux cas : intérieur et extérieur. • Semer des pensées (pousse et floraison rapides) : observer les conditions de croissance (terre ; eau ; lumière ; chaleur). **La vue** • Faire des collections d'objets de couleurs de différentes nuances. • Expérimenter les notions de transparent, d'opaque.	**L'air** • Prendre conscience de l'air par la respiration. • Constater que l'air peut transporter de la matière comme les feuilles, la poussière, qu'il fait bouger les vêtements qui sèchent…
Période 4	• À partir de documents ou de vidéos, distinguer animaux d'élevage et animaux sauvages. • Comparer leur mode de vie. • Repérer et décrire au fur et à mesure les différentes parties de la plante. • S'interroger quand une plante meurt.	• Jouer avec des aimants. • Classer les objets attirés et non attirés. • Jouer au bac à eau : transvaser, utiliser des pipettes, des roues à eau… • Découvrir les caractéristiques de l'eau : transparente, elle coule, mouille se verse, mais elle a de la force. • Fabriquer des glaçons.
Période 5	• Distinguer réel et imaginaire : animaux humanisés des albums, animaux préhistoriques, animaux imaginaires (dragons…). • Argumenter en fonction des critères du vivant. • Observer le produit de la plante : le fruit et les nouvelles graines. **L'odorat** • Reconnaître l'odeur de diverses substances cachés dans des boites.	• Modifier l'aspect des matières : transformer des poudres en pâtes par ajout de liquide ; diluer du sucre, du sel dans l'eau ; découvrir que la cuisson ou le séchage peut durcir une pâte. • Aborder l'idée de solidité de la matière à partir de l'histoire des « Trois petits cochons ». • Identifier quelques propriétés de ces matières (léger ; lourd ; dur). • Chercher quelques objets faits avec ces matières.

Utiliser, fabriquer, manipuler des objets	Utiliser des objets numériques
vec les jeux de la classe : encastrer, visser, dévisser, réaliser des onstructions en équilibre. écouper correctement (en suivant la ligne). oller en mettant la colle du bon côté, en dosant la quantité.	• Se familiariser avec le ou les ordinateurs de la classe. • Savoir les mettre en route. • Manipuler la souris. • Utiliser quelques touches du clavier.
n atelier cuisine : faire fonctionner différents ustensiles. tiliser, démonter puis remonter le moulin à légumes, un robot, n pilon. omparer les gestes effectués. xpliquer comment chacun des appareils fonctionne.	• Se familiariser avec l'écran de l'ordinateur et ses indications. • Découvrir le fonctionnement de l'appareil photo numérique : écran ; déclencheur ; zoom.
ésoudre le problème du transport de l'eau : trier les objets pou-ant transporter de l'eau.	• Comprendre que les actions sur le clavier et sur la souris modifient ce qui se passe sur l'écran. • Manipuler.
'atelier jardinage : utiliser divers outils (pelle, râteau, fourche, inette, serpe, plantoir, arrosoir...). e familiariser avec chacun d'entre eux. rouver le plus pertinent. **Planter un jardin,** pp. 136-137	• Reconnaître les lettres sur le clavier. • Choisir les lettres de son prénom sur le clavier l'écrire et l'imprimer. • Écrire des mots au clavier.
rojet d'une construction : - rassembler le matériel nécessaire ; - choisir ce matériel en fonction du but recherché : solidité, sou-lesse... - établir le projet de construction. - dicter à l'enseignant(e) une fiche de construction.	• Continuer à écrire des mots au clavier.

Programmation annuelle d'activités en Grande section

Explorer le monde du vivant, des objets, et de la matière

	Découvrir le monde vivant	Explorer la matière
Période 1	**Le monde animal** • Amorcer un classement en étudiant chez des animaux connus : – leur alimentation ; – leur mode de déplacement ; – leur mode de reproduction ; – leur habitat ; – leur moyen de défense. • Poursuivre tout au long de l'année. • Faire des récoltes et des cueillettes. • Associer un arbre à ses fruits. • Prendre conscience de la respiration par des exercices respiratoires. • Se comporter face aux autres en respectant son propre corps et le corps des autres. (dans les toilettes, dans la classe, dans l'école). • Observer des radiographies, des scanners, des IRM afin de découvrir l'intérieur du corps. • Travail sur le schéma corporel, le squelette. • Reconstituer le corps articulé. **La vue** • Utiliser une loupe. • Utiliser le tableau d'acuité visuelle (au cours de la visite médicale des 6 ans) ; comprendre le rôle des lunettes.	• Effectuer des tris d'objets selon le matériau qui le compose. • Distinguer les différents constituants d'un objet. • Caractériser ces matériaux. • Continuer à travailler sur différents papiers et cartons.
Période 2	• Observer la germination du gland, du marron. • Mettre en place un élevage de chenilles. • Poursuivre les mesures de croissance. **Le goût** • Découvrir et découvrir de nouvelles nuances : sec, crémeux, gluant. **Le toucher** • Jouer à colin-maillard.	• Observer des objets en plastique : ce matériau est souple, rigide, transparent, opaque… • Utiliser l'air pour mettre un objet en mouvement (ventilateur, sèche-cheveux), visualiser l'existence de l'air (souffler dans un ballon de baudruche).
Période 3	• Semer ou planter différents bulbes et différentes graines. • Prendre en compte les bonnes conditions de pousse, de germination. • Élaborer des règles simples de sécurité applicables dans la classe. • Faire la liste des problèmes de sécurité de la classe ; Appliquer les règles qu'il convient en dialoguant avec l'enseignant voire avec des professionnels. • À partir d'images ou de documentaires visuels, faire parler de la propreté, de l'alimentation, des soins, du sommeil, de l'intimité, de l'intégrité du corps. **L'ouïe** • Reconnaître des bruits voisins. • Reconnaître des instruments de musique.	• Manipuler des aimants, constater les actions du magnétisme : attirance ; répulsion. • Découvrir que l'aimantation ne concerne pas tous les métaux, mais uniquement le fer.
Période 4	• Observer la pousse des plantes. Noter les différences. • Planter des plants de fraisiers et observer le passage de la fleur au fruit. • Reprendre le classement des catégories d'aliments. • Créer des menus équilibrés. • Observer des aliments que l'on n'a pas conservé au frais. ▸ **Alimentation et développement durable (le tri sélectif)**	• À l'atelier cuisine découvrir les mélanges, les effets de la cuisson, du froid. • Travailler la terre, faire sécher des objets, cuire certains autres ; comparer les résultats. • Fabriquer du papier mâché ; observer les étapes du séchage.
Période 5	• Associer les caractéristiques physiques des animaux aux critères du classement effectué. **L'odorat** • Loto des odeurs.	• Les différents états de l'eau. • Faire fondre des glaçons. • En fabriquer de différentes formes. • Les colorer avec des sirops.

Utiliser, fabriquer, manipuler des objets	Utiliser des objets numériques
Créer un coin bricolage avec petits outils (pinces, marteaux, scie…) morceaux de bois, clous, vis… Recycler du papier (déchirer, tremper, broyer, tamiser, presser…).	• Découverte du TBI • Allumage. • Télécommande. • Fonctionnement du crayon. • Effets du crayon. • Effets de l'utilisation du doigt.
Manipuler des lampes de poche : démontage, mise en place d'une ile. Répertorier différents appareils électriques et observer les effets u courant électrique : chaleur, bruit, mouvement, lumière. Fabriquer un moulinet à vent : - en démonter un, l'observer ; - en construire un semblable.	• Découverte de l'utilisation du TBI. • Sa fonction. • Agir sur une tablette numérique. • Écrire un message sur le clavier.
Fabriquer un jeu magnétique. Comprendre comment déplacer un objet avec un aimant.	• Projet avec un TBI. • Écrire un message sur le clavier de l'ordinateur ou de la tablette. • L'envoyer. • Produire des images avec l'appareil photo numérique. • Les charger sur la tablette ou l'ordinateur.
Faire des gâteaux, de la soupe… Utiliser une recette de cuisine illustrée en respectant les quantités onnées et les étapes.	• Faire des recherches sur Internet à propos d'un projet.
Fabriquer un objet qui flotte en jouant sur la matière et sur la forme. Choisir les outils et les matériaux adaptés. Chercher comment le faire avancer. **Fabriquer une maquette,** pp. 138-139	• Communiquer à distance. • Envoyer des photos.

Fiches à utiliser en complément aux fiches séquences proposées dans le présent ouvrage

À retrouver sur lea.fr, avec bien d'autres ressources (voir page 2)

	Petite section	Moyenne section	Grande section
Mobiliser le langage dans toutes ses dimensions	1 **Panique au coin dinette** Prendre sa place dans les échanges collectifs et produire des phrases correctes.	2 **Je signe mes productions** Écrire son prénom seul en écriture cursive.	3 **Être grand c'est savoir lire et écrire** Écrire seul un mot en utilisant des lettres ou groupes de lettres empruntés aux mots connus.
Agir, s'exprimer, comprendre à travers l'activité physique	4 **Jeux avec des cartons** Courir, sauter, lancer, remplir, déplacer du matériel varié.	5 **Lancer** Courir, sauter, lancer de différentes façons, dans des espaces et avec des matériels variés dans un but précis.	6 **Se déplacer sur un parcours** Ajuster et enchainer ses actions et ses déplacements en fonction d'obstacles à franchir ou de la trajectoire d'objets sur lesquels agir
Agir, s'exprimer, comprendre à travers les activités artistiques	7 **Projet : Un atelier de haute couture** Choisir différents outils, médiums supports en fonction d'un projet ou d'une consigne et les utiliser en adaptant son geste.	8 **Lignes courbes et œuvres d'art** Réaliser une composition personnelle en reproduisant des graphismes. Créer des graphismes nouveaux.	9 **Mise en scène, mise en voix bruitage et musique** Proposer des solutions dans des situations de projet, de création, de résolution de problèmes, avec son corps, sa voix, ou des objets sonores.
Construire les premiers outils pour structurer sa pensée	10 **Reconnaitre des triangles** Classer des objets en fonction des caractéristiques liées à leur forme.	11 **L'album à compter** Avoir compris que tout nombre s'obtient en ajoutant un au nombre précédent et que cela correspond à l'ajout d'une unité à la quantité précédente.	12 **Quantités et nombres : le sens des opérations** Quantifier des collections jusqu'à 10 au moins ; les composer et les décomposer par manipulations effectives puis mentales. Dire combien il faut enlever ou ajouter pour obtenir des quantités ne dépassant pas 10.
Explorer le monde	13 **Se situer dans la classe** Se situer dans un environnement ; prendre des repères.	14 **Le corps en mouvement** Situer et nommer les différentes parties du corps humain, sur soi et en représentation.	15 **Alimentation et développement durable (le tri sélectif)** Prendre en compte les risques de l'environnement familier proche (objets et comportements dangereux, produits toxique.

Partie 3

Préparer

Introduction

Préparer sa classe

Inscrire une préparation dans un cadre permet de clarifier les objectifs, de conduire la classe avec aisance, d'évoluer vers une plus grande maîtrise professionnelle ainsi que d'organiser une différenciation pédagogique pour tous les élèves.

Voici les quatre temps qui nécessitent réflexion, organisation et préparation :
- les progressions pour le cycle ;
- la programmation pour la période ;
- les fiches déclinant des situations ;
- l'emploi du temps.

Le cahier-journal (déroulement de la journée) prend en compte et réajuste au quotidien les séances prévues dans la séquence.

Il est donc indispensable de préparer sa classe, sous quelle que forme que ce soit, en incluant les projets de classe et de cycle qui alimentent et font vivre le projet d'école conçu par l'équipe pédagogique.

Fiches séquences

Les séquences proposées sont déclinées en plusieurs séances qui s'inscrivent à la fois dans la programmation et dans le domaine d'activités. L'enseignant doit les inclure dans sa préparation et son cahier journal.
Toutes conçues sur le même principe, elles illustrent tous les domaines et toutes les sections.
Ces fiches sont là pour anticiper des objectifs à atteindre. Mais elles aident également l'enseignant à inscrire ses préparations dans les programmes, à se référer plus facilement au *BO* et à faciliter l'analyse des pratiques pédagogiques.

Ces fiches sont importantes par la situation-problème envisagée mais aussi par le rôle de l'enseignant décrit à travers l'étayage mis en place. il peut ainsi accompagner l'enfant de différentes manières :
- les consignes, qui lancent l'activité ou la relancent ;
- les questions ouvertes, qui l'alimentent ;
- les gestes de l'enseignant, premiers vecteurs d'un accompagnement bienveillant ;
- l'oral, sans cesse présent : l'adulte, conscient de son rôle, renvoie la parole ;
- l'écrit, qui apparaît dès que cela est possible.

Tout cela contribue non seulement à la réussite de l'enfant, mais aussi à la compréhension sa réussite. Pour ce faire, l'enseignant a besoin de proposer des situations-problèmes similaires et d'observer, avec bienveillance là également, les démarches de l'enfant. Cela lui permettra d'évaluer progressivement son élève.

Attention : une préparation suivie de manière rigide ne permet d'entendre que ce que l'on avait prévu ; une préparation approfondie permet en revanche d'accueillir tout ce qu'il y a à recevoir d'imprévu d'une classe qui vit.
Apprendre, c'est construire, transformer des savoirs déjà là. Il faut connaître ces savoirs, avoir envisagé la manière de s'en servir et de gérer leurs manifestations. Ces fiches sont donc adaptables à toutes les classes, en fonction des acquis des enfants.

Projets

Les projets font l'objet d'une partie spécifique au début de cet ouvrage.
Y sont décrits les projets d'école, de cycle et de classe.
Ils mettent en œuvre des principes qui ont fait leurs preuves : interdisciplinarités, authenticité, souplesse et plaisir des enfants…
Ils s'adressent à l'ensemble des enfants d'un niveau ou d'un cycle, ce qui suppose d'adapter l'étayage mis en place par l'enseignant(e) pour prendre en compte leur hétérogénéité.

La présentation sous forme de séquences, constituées de séances, permet de moduler et de s'adapter finement aux possibilités des élèves.

La coopération autour d'un projet commun permet à chaque enfant de s'investir et d'apprendre au contact des autres, ce qui constitue un des objectifs fondamentaux de l'école maternelle.

Les projets présentés ici ont tous été vécus dans des classes et écoles maternelles.

Emplois du temps à l'école maternelle : pourquoi ?

L'organisation du temps à l'école maternelle doit respecter :

- les besoins et le rythme biologique des enfants
- le bon déroulement des activités, qui doivent être bien articulées entre elles
- les contraintes logistique liées au fonctionnement de l'école (utilisation des locaux collectifs).

Plus souple avec les plus petits, la gestion du temps devient plus rigoureuse quand les enfants grandissent.

Les domaines d'activités sont indiqués clairement dans l'emploi du temps. Les activités proposées font référence aux programmations élaborées en équipe, de façon à rendre cohérent le parcours de l'enfant à l'école maternelle.

Liste des fiches séquence proposées dans cet ouvrage

Liste des projets proposés dans cet ouvrage

Fiche séquence

Petite section

Raconter une histoire

Domaine **Mobiliser le langage dans toutes ses dimensions**

Matériel

- Le livre *Gros Câlin* de Nicholas Oldland, Bayard Jeunesse, 2014.
- Des marottes illustrant le livre : l'ours, le lapin, l'élan, l'oiseau, le serpent, le putois, plusieurs arbres (pommiers, poiriers, pêchers), un très grand sapin, un bucheron avec sa hache (marotte : figurine de carton plantée au bout d'un bâton).

Nombre d'élèves

Petit groupe de 6 élèves.
Toute la classe pour la troisième séance.

I. Préparer la séquence

1. Poser le problème

Les enfants de Petite Section découvrent le livre, les histoires. Ils ont souvent besoin de s'identifier au personnage et de suivre une histoire avec des rencontres. L'histoire ici est répétitive, les enfants les moins à l'aise pourront néanmoins y participer. L'enseignant pourra vérifier la bonne compréhension de l'histoire racontée.
Ils pourront « raconter » l'histoire de ce gros « balourd ».

2. Définir les objectifs

- Écouter l'histoire.
- Comprendre l'histoire.
- Repérer les divers éléments.
- La jouer avec des marottes.

3. Définir les compétences à atteindre

- Intégrer l'usage d'un nouvel outil syntaxique que l'enseignant fournit s'il manque à l'enfant « je », « tu » et les connecteurs.
- Produire des phrases, mêmes courtes.
- Comprendre, acquérir et utiliser un vocabulaire pertinent (noms, et verbes et adjectifs).

II. Agir pendant les séances

4. Définir le scénario de la séance

Première séance

<u>Présenter l'album, lire, raconter l'histoire</u>

- Faire découvrir la première de couverture.
- Attendre les réactions des enfants.
- Leur demander ce qu'ils voient, qui ils voient.
- Affiner leurs réponses.
- Leur demander de quoi et de qui va parler l'histoire.
- Lire le titre du livre en précisant que c'est le titre « Gros Câlin ».
- En même temps, montrer l'écrit du titre. Leur demander s'ils ont une idée de ce qui peut bien être inscrit en dessous. Les laisser chercher.
- Finalement leur dévoiler : l'auteur « Nicholas Oldland » et le reste, « Bayard Jeunesse », l'éditeur.
- Expliquer ce que sont un éditeur et un auteur.
- Retourner le livre et décrire la quatrième de couverture.
- Évoquer l'endroit où peut se passer l'histoire.
- Lire le résumé ; expliquer ce que c'est.
- Dire de quoi et de qui parle l'histoire.
- Expliquer ce que fait le personnage central.
- Expliquer ce qui se passa un jour.
- Lire l'histoire très doucement en mettant l'intonation et en la jouant.
- Poser le livre, puis demander au groupe de le raconter. Les questionner sur ce qui se passe dans l'histoire :
  - Les laisser parler dans un premier temps.
  - Leur demander quel est le personnage principal.
  - Le décrire.
  - Demander s'il y a d'autres personnages dans le livre.
  - Décrire les autres animaux.
  - Montrer des images de ces animaux ; les décrire.
  - Leur demander ce que fait l'ours avec ces autres personnages.
  - Leur demander ce qu'il doit faire normalement.
  - Leur demander pourquoi.

Deuxième séance

<u>Jouer l'histoire</u>

- Prendre les marottes : l'ours, le lapin, l'élan, l'oiseau, le serpent, le putois, plusieurs arbres (variés : pommiers, poiriers, pêchers), un très grand sapin, un bucheron avec sa hache.
- Réunir les enfants et les laisser choisir les marottes.
- Réinvestir l'histoire :
  - Leur laisser raconter avec les marottes ;
  - Les laisser corriger eux-mêmes les rencontres de l'ours, dans l'ordre chronologique ou pas ;
  - Leur faire raconter l'histoire jusqu'au bout.
- Vérifier dans un second temps avec le livre en tournant les pages.
- Reprendre l'histoire avec les marottes.

5. Définir l'accompagnement de l'enseignant

Consignes	Accompagnement
Donner la première consigne	Consigne : *« Que voyez-vous sur la couverture ? »* *« Est-ce vraiment tout ? »* *« Savez-vous comment s'appelle la « grande écriture » ? »* *« Qu'est-ce qui est inscrit en dessous ? »* *« Pouvez-vous décrire l'envers du livre ? »* *« Où peut se dérouler l'histoire ? »*
Donner une seconde consigne	Consigne : *« Que va dire l'ours quand il rencontre le lapin ? »* *« Qu'est-ce qu'il en fait d'habitude, d'un lapin bien dodu ? »* *« Que va dire l'ours quand il rencontre l'élan ? »* *« Mais comment est l'élan pour lui ? »* *« Que va dire l'ours quand il rencontre l'oiseau ? »* *« Mais comment est l'oiseau pour lui ? »* *« Que va dire l'ours quand il rencontre le serpent ? »* *« Mais comment est le serpent pour lui ? »* *« Que va dire l'ours quand il rencontre le putois ? »* *« Mais comment est le putois pour lui ? »* *« Qu'est-ce que cet ours aime câliner le plus ? »* *« Que voit-il un jour ? »* *« Qu'est-ce qu'il a dans les bras ? »* *« Où est le bûcheron ? » « Que fait-il ? »* *« Que fait alors l'ours ? »* *« Que fait l'homme ? »* *« Que fait alors l'ours à la fin de l'histoire ? »*
Poser des questions ouvertes	*« Qui peut raconter l'histoire ? »* *« Que va-t-il se passer ? »* *« Qui va-t-il voir ? »* *« En premier lieu, qui croise-t-il dans le livre ? »* *« Quel est le second animal qu'il rencontre ? Indice : c'est un grand animal. »* *« Il rencontre un autre animal : qui est-ce ? Comment est-il ? »* *« Et le suivant ? Et encore le suivant ? Quelles sont leurs caractéristiques ? »* *« Comment est cet ours ? »*

III. Faire réussir les enfants

6. Définir les différentes stratégies de la réussite de l'enfant

- La participation.
- La reconnaissance des différents personnages.
- La reconnaissance de leur rôle.
- La compréhension du rapport entre la force de l'ours et son habitude de donner des câlins à tout le monde.

7. Définir l'étayage par le geste, l'oral, l'écrit éventuellement

	Définir l'étayage
Le geste	• Montrer les écrits du livre ; les suivre du doigt quand on les lit. • Montrer les personnages ; les désigner dans les pages.
L'oral	• Organiser les temps de parole dans le groupe. • Il est important de guider le groupe par des questions ouvertes.
L'écrit	• Accompagner l'enfant dans sa découverte de l'écrit en lui montrant la première et la quatrième de couverture, puis lui montrer le texte écrit de l'histoire.

IV. Observer

8. Proposer des problèmes similaires

- Chaque album qui s'y prête (album de rencontre en petite section ou qui peut entrer dans un projet).
- Proposer le livre à toute la classe : raconter le livre sans, puis avec les marottes.

9. Observer avec bienveillance les démarches de l'élève

- Il s'intéresse au livre.
- Il veut le prendre, le retourner, l'ouvrir, le feuilleter.
- Il écoute avec attention l'enseignant.
- Il manifeste des émotions à la lecture du livre.
- Il s'empare volontiers d'une marotte et la fait parler.
- Il répond à des questions et s'en pose.
- Il a compris la « philosophie » de l'ours…

Découvrir un texte documentaire

Domaine Mobiliser le langage dans toutes ses dimensions

Matériel

– Un grand panneau de symboles du code de la route (*cf.* le site « http://securite-routiere.gouv.fr/ »
– Le texte documentaire en annexe

Nombre d'élèves

Groupe de 6 enfants pendant les séances 1 et 3, toute la classe pendant la séance 2 (la sortie sera préparée avec le nombre d'adultes suffisant).

I. Préparer la séquence

1. Poser le problème

« À l'école maternelle, les enfants découvrent l'écrit en utilisant divers supports (livres variés, affiches, lettres, messages électroniques ou téléphoniques, étiquettes, etc.) en relation avec des situations ou des projets qui le rendent nécessaires… » (BO spécial n° 2 du 26 mars 2015)

2. Définir les objectifs

- Comprendre le texte documentaire lu par l'enseignant(e).
- Découvrir les symboles des panneaux de la sécurité routière.
- Les mettre en lien avec le texte.
- Se repérer dans le quartier.

3. Définir les compétences à atteindre

- Comprendre le texte écouté.
- Répondre aux questions.
- Faire le rapport avec l'utilisation quotidienne du code de la route.
- Comprendre progressivement ce qu'on apprend.
- Trier et classer les différents panneaux.
- Connaître leur utilisation.

II. Agir pendant les séances

4. Définir le scénario de la séance

À travers un texte (voir annexe) que l'enseignant(e) lit seulement, les élèves découvrent une nouvelle forme littéraire. Ils pourront mettre en rapport ce texte avec leur vie quotidienne et aller prendre des informations *in situ* avec l'aide de l'enseignant(e).

L'enseignant(e) lit le texte au petit groupe d'élèves, qui écoutent. L'enseignant(e) explique les mots difficiles (« instauré », « chaussée », « priorité » à moins que ce dernier soit connu des élèves). Puis il relit le texte.

Première séance

- Poser des questions de compréhension du texte.
- Expliquer ce qu'est le code de la route. Comprendre à quoi il sert.

Deuxième séance

- Chercher, à l'occasion d'une sortie dans le quartier, la signification des panneaux du code la route.
- Désigner les panneaux.
- Trouver leur signification.
- Attirer l'attention des enfants sur les différents participants de la rue et sur leurs attitudes.
- Anticiper sur le fonctionnement des véhicules et des piétons.
- Retrouver les indications de la lecture du documentaire.

Troisième séance

- Tenter de faire des liens entre le documentaire et l'observation du terrain.
- Présenter un grand tableau sur lequel sont reproduits plusieurs panneaux : interdiction de tourner à droite, interdiction de tourner à gauche, fin de piste cyclable, sens giratoire, feux tricolores.
- Expliquer ce que vont faire la voiture, la moto, le cycliste, la maman en voyant ces panneaux.
- Distribuer plusieurs autres panneaux :
  - triangulaire et bordé de rouge : ils indiquent un danger (verglas, attention au train, attention à la pente (10 %), attention chutes de pierre) ;
  - rond et fond bleu, barré d'une bande rouge : ils donnent la fin d'une indication (fin d'obligation de mettre des pneus avec chaines, fin de piste cyclable, fin de piste équestre, fin de limitation à 30 km/heure) ;
  - triangulaire et à fond jaune, bordé de rouge : signalisation temporaire (travaux, gravillons, dos d'âne, chaussée glissante).
- Donner la consigne : « Classez ces panneaux et essayez de d'identifier leur signification ».

5. Définir l'accompagnement de l'enseignant

	Définir l'accompagnement de l'enseignant
Donner la consigne de la première séance	• Poser des questions concernant la compréhension du texte ; il ne s'agit pas forcément de consignes : - « *Y a-t-il toujours eu des voitures ?* » - « *Qui a instauré le code de la route ?* » - « *Où doit-on rouler ?* » - « *Qui roule sur la chaussée ?* » - « *Qu'est-ce qui annonce les dangers ?* » - « *Qu'indiquent encore ces panneaux ?* » - « *Savez-vous à quelle vitesse on peut rouler ?* »

	Définir l'accompagnement de l'enseignant
Donner la consigne de la deuxième séance	• « *Cherchez les panneaux de code la route. Expliquez ce qu'ils signifient.* » • « *Regardez les personnes qui sont dans la rue :* - *Que font-elles ?* » - *Que vont-elles faire ?* » - *Que disait le documentaire ?* »
Poser des questions ouvertes	• Interroger les plus mutiques, les encourager, s'adresser à eux en particulier, faire naître des dialogues entre les enfants : - « *De quoi parle ce texte ?* » - « *Depuis quand existe le code de la route ?* » - « *Quel genre de véhicules cela concernait-il ?* » - « *Qu'indique maintenant le code de la route ?* » - « *Qu'indiquent les panneaux ?* »
Donner la consigne de la troisième séance	• « *Classez ces panneaux et essayez de reconnaître leur signification.* » • « *Ces panneaux ne se ressemblent pas. Comment peut-on les ranger autrement ?* »

III. Faire réussir les enfants

6. Définir les différentes stratégies de la réussite de l'enfant

Stratégies de réponse (montrant qu'il a compris le texte) :
- il répond à la première question ;
- il répond à la deuxième question...

Stratégies d'observation lors de la sortie :
- l'élève sait observer les différents éléments ;
- il ne les observe que partiellement.

Stratégies de classement :
- L'élève identifie les panneaux du code de la route.
- Il les classe.

7. Définir l'étayage par le geste, l'oral, éventuellement l'écrit

	Définir l'étayage
Le geste	• Montrer à chacun des enfants la différence de forme des panneaux du code de la route.
L'oral	• Les encourager. • Dans un premier temps, accepter leurs propositions. Puis leur demander d'observer les propositions de leurs pairs : - les comparer, les enrichir ; - détacher les mots ; - détacher les syllabes.

IV. Observer

8. Proposer des problèmes similaires

Lire et comprendre d'autres textes documentaires sur des sujets aussi variés que :
- les oiseaux ;
- les bateaux ;
- les mammifères ;
- des objets technologiques ;
- etc.

9. Observer avec bienveillance les démarches de l'élève

Cette démarche n'est pas une réelle évaluation. Mais il faut regarder ce que l'enfant fait par rapport aux objectifs envisagés et aux compétences à acquérir.

En l'observant dans les actions accomplies, mais aussi au fil des encouragements, l'enseignant(e) constate qu'il sait progressivement :
- comprendre un texte documentaire ;
- classer des panneaux de code de la route en lien avec le texte.

Annexe

Texte documentaire à lire aux élèves :

« Le code de la route existe depuis bien avant les premières voitures.

C'est le roi François 1er qui a instauré les premières règles de bonne conduite avec les carrosses et les charrettes. Le code de la route indique maintenant que l'on doit rouler à droite, que la chaussée est réservée aux voitures, aux motos et aux camions et les trottoirs aux piétons, aux rollers et aux enfants de moins de 8 ans à vélo. Les panneaux annoncent le danger et donnent les priorités, les directions. Ils indiquent aussi les sens de circulation et à quelle vitesse on peut rouler. »

Fiche séquence

Grande section

Utiliser une comptine

Domaine **Mobiliser le langage dans toutes ses dimensions**

Matériel
Plusieurs comptines (en annexe)

Nombre d'élèves
Groupe de 6 enfants.

I. Préparer la séquence

1. Poser le problème

Les comptines depuis la section des petits sont un moment important de la vie de la classe.
Chaque enfant intègre les comptines à son rythme, et est d'autant plus actif que l'enseignant(e) les lui présente associées à des activités autour du corps ou des jeux vocaux. Il enregistre alors d'autant mieux ce qui fait sa composition : structure, vocabulaire, son, rythme. Mais elles peuvent également avoir des objectifs différents pour l'enseignant(e).

2. Définir les objectifs

- Découvrir les supports de l'écrit.
- Observer des différences entre deux comptines.
- Commencer à prendre conscience de la notion de mot.
- Prendre conscience de la notion de rime.
- Enrichir son vocabulaire en cherchant des rimes.

3. Définir les compétences à atteindre

- Améliorer l'écoute, l'articulation et la prononciation.
- Développer la curiosité.
- Développer le goût de l'écrit.
- Aider à la construction de la syntaxe.
- Enrichir le vocabulaire.
- Comprendre la valeur des consignes collectives simples.

II. Agir pendant les séances

4. Définir le scénario de la séance

Première séance
- Écouter chacun des enfants prononcer la comptine « Sur la pluie ».
- Observer la manière dont chacun exprime la comptine et la mémorise. Repérer les erreurs de mémorisation et de prononciation.
- Reprendre la comptine, redire ensemble la comptine. La rythmer, comme le fait la pluie qui tombe.

Deuxième séance
- Cadeaux par-ci, cadeaux par-là » : lire une première fois en jouant. Montrer un hypothétique paquet à gauche pour le « paquet-ci », un hypothétique paquet à droite pour le « paquet-là » ; faire la même chose pour le jouet et ainsi de suite.
- Répéter ensemble en jouant ; « ci », « la ». Mémoriser au bout de 3 ou 4 fois.
- Redire la comptine si aucun enfant ne trouve une réponse (qui peut aller de « celui-là » à « voilà » ou « pas », ou « là »). Demander à un enfant de redire la comptine. Faire la même chose pour « paquet-ci ».

Troisième séance
- « J'ai vu passer par là » : demander aux enfants de rappeler cette comptine connue et d'expliquer ce que fait chacun des animaux de la comptine.
- Trouver des animaux qui font autre chose : le lion rugit, l'oiseau vole, le dauphin nage…
- Discuter avant de proposer. Chercher dans les imagiers de la classe. Puis poursuivre la comptine.

Quatrième séance (éventuellement)
- « Les habits des quatre saisons » : remarquer qu'il y a des rimes : « frais » rime avec « bonnet », « chaud » avec « maillot »…
- Chercher à induire une réponse avec « parce que », donc une corrélation logique, renforcée par la proposition suivante : « *parce qu'il fait chaud* ».
- Enrichir le lexique : décliner la multitude de couvre-chefs que peut porter Nounours. Décliner la multitude des noms de ses vêtements.

5. Définir l'accompagnement de l'enseignant

	Accompagnement
Donner la consigne de la première séance	• « *Redites la comptine « Sur la pluie » en la rythmant* » • Observer les enfants en ayant défini les critères : - mémorisation ; - prononciation ; - utilisation du rythme de la comptine. • Reformuler la comptine. La redire dans un petit groupe. • Dire seul la comptine devant les autres. • « Souffler » quand il manque un mot, une locution.
Donner la consigne de la deuxième séance	• « *Répétez la comptine Cadeaux par ci, cadeaux par là en la mimant.* » • Faire mimer à chacun des enfants les déplacements du cadeau. Se passer le cadeau (comme un bâton de pluie). • Dire la comptine plusieurs fois en indiquant le paquet.
Poser des questions ouvertes	• « *Qu'est-ce qui peut aller avec « paquet-la ? »* » • « *Pourquoi Nounours met-il un maillot ?* » • « *Pourquoi met-il un bonnet ?* » • « *Que peut-il mettre d'autre sur la tête ?* » • « *Que porte-t-on l'hiver ?* »

	Accompagnement
Donner la consigne de la troisième séance	• « *Expliquez ce que fait chacun des animaux.* » • Proposer des images, des catalogues, des imagiers. • Jouer à pigeon vole avec des objets techniques : le moulin tourne, l'aiguille perce, ou des être vivants : le coureur court… • Créer des comptines.
Donner la consigne de la quatrième séance	• « *Jouons aux rimes* » • Mémoriser la comptine. • Faire remarquer les rimes. Jouer avec. • Chercher d'autres rimes.

III. Faire réussir les enfants

6. Définir les différentes stratégies de la réussite de l'enfant

- Dans un regroupement de classe, demander à des représentants de chaque groupe ce qu'ils ont inventé pour continuer la comptine « J'ai vu passer par là », trouver des nouveaux vêtements et de nouvelles rimes pour « Les habits des quatre saisons ».
- Expliquer comment ils ont fait, dans quel livre ou imagier ils ont cherché, quelle stratégie ils ont employée.

7. Définir l'étayage par le geste, l'oral, éventuellement l'écrit

	Étayage
Le geste	• Les aider à collaborer sans se disputer : mettre suffisamment de documents à disposition • Les inviter à regarder à deux • Les inviter à présenter à deux leurs découvertes • Comparer les résultats • Soutenir les efforts des plus « timorés » en leur donnant une piste ou en les accouplant avec un « imaginatif »
L'oral	• Interroger les plus mutiques • Les encourager à s'exprimer en posant des questions faciles • S'adresser à eux en particulier • Faire naître des dialogues entre pairs
L'écrit	• Proposer des outils d'aide : des imagiers, des catalogues pour chercher des modèles de vêtements pour Nounours

IV. Observer

8. Proposer des problèmes similaires

Rechercher d'autres comptines qui peuvent engendrer les mêmes recherches.

9. Observer avec bienveillance les démarches de l'élève

En observant l'enfant dans ses actions, mais aussi au fil de ses encouragements, l'enseignant constate que l'enfant a su :

- mémoriser les comptines ;
- les réciter en mettant l'expression voulue, en articulant bien ;
- chercher de nouvelles rimes ;
- étendre le lexique demandé ;
- entrer dans un système de logique des phrases de la comptine.

Annexe

Propositions de comptines

Sur la pluie
La pluie mouille
L'escarbouille !
La pluie mouille
La grenouille !
La pluie mouille
La citrouille !
La pluie mouille
Et bouille !
Ouille, ouille, ouille !

J'ai vu passer par là
J'ai vu passer un lapin
Qui détalait par là !
J'ai vu passer un poulain
Qui galopait par là !
J'ai vu passer un pingouin
Qui se dandinait par là !
Maintenant il ne passe plus
Rien du tout et je m'ennuie.
Voilà !

Les habits des quatre saisons
C'est le printemps, il fait frais
Nounours met un bonnet.
C'est l'été, il fait chaud,
Nounours met un maillot.
C'est l'automne, il fait gris
Nounours prend un parapluie.
C'est l'hiver, il fait froid,
Nounours porte une parka.

Cadeaux par-ci, cadeaux par-là
Qu'y a-t-il dans ce paquet-ci ?
Qu'y a-t-il dans ce paquet-là ?
Oh ! Le beau jouet que voici !
Oh ! Le beau jouet que voilà !
Moi je préfère celui-ci !
Moi je préfère celui-là !
Celui-ci est à moi, mais si !
Mais celui-là je n'en veux pas.
Tu le gardes pour aujourd'hui.
Et demain on échangera.
Encore un paquet par ici ?
Oh ! Encore un paquet par là ?

Prendre des risques

Domaine Agir, s'exprimer, comprendre à travers l'activité physique

Matériel

Quatre ateliers :
1. Équilibre, prise de risque
- Arceau de bois
- Bancs solidement attachés
- Tapis de réception
- Table d'une hauteur d'environ 1 m
- Échelle

2. Prendre des appuis, se hisser, sauter
- Chaises avec dossiers
- Cordes
- Bancs avec dossiers

3. Ramper
- Arceaux
- Tunnels
- Bancs
- Tissus

4. Équilibre
- Tapis magique : objets divers (balles, anneaux, quilles, caissettes) en grand nombre recouverts d'une couverture ou d'un grand morceau de tissu
- Rouleaux de carton de récupération
- Manches à balais

Nombre d'élèves

Ateliers de 6 à 8 enfants.

I. Préparer la séquence

1. Poser le problème

Les quatre ateliers présentés ici mettent en jeu des conduites motrices différentes. Les enfants peuvent se déplacer de plusieurs manières sur chacune des installations. « Dans tous les cas l'enseignant amène les enfants à découvrir leurs possibilités, en proposant des situations qui leur permettent d'explorer et d'étendre (repousser) leurs limites. » (BO spécial n° 2 du 26 mars 2015)

2. Définir les objectifs

- Répondre au besoin de mouvement.
- Adapter des conduites motrices à un matériel.
- Améliorer ces conduites par répétition ou par observation des autres.

3. Définir les compétences à atteindre

- Savoir escalader.
- Savoir grimper.
- Savoir tirer sur une corde pour grimper.
- Savoir ramper.
- Savoir se déplacer sur un sol incertain.
- Savoir sauter.

II. Agir pendant les séances

4. Définir le scénario de la séance

1. Les enfants choisissent librement l'installation qu'ils préfèrent et sur laquelle ils vont s'exercer à leur gré.
Avantage : la situation se présente comme plus ludique et certains peuvent immédiatement rechercher différents déplacements.
Inconvénient : risque de bousculade et de longue attente à certains ateliers.

2. Les enfants se présentent par équipe à chacun des ateliers, y effectuent des passages à tour de rôle pendant un temps défini par l'enseignant(e).
Avantage : tout le monde passe à tous les ateliers ; l'enseignant(e) peut être plus présent(e) à l'atelier qui présente le plus de risques. Il (elle) peut mieux observer les enfants.
Inconvénient : le temps limité peut arrêter la progression des enfants.

Premier atelier
- Escalader l'échelle.
- Franchir l'arceau.
- Descendre et remonter sur les bancs.
- Sauter de la table sur le tapis.

Deuxième atelier
- Monter sur un banc en se hissant avec une corde.
- Enjamber les dossiers des bancs.
- Attacher des chaises dos à dos.
- Les enjamber.
- Sauter de la dernière chaise.

Troisième atelier
- Disposer en alignement les arceaux, les tunnels, les bancs.
- Les recouvrir d'un grand tissu pour les cacher.

Quatrième atelier
- Marcher sur le tapis jusqu'au bout.

5. Définir l'accompagnement de l'enseignant

	Accompagnement
Donner la consigne du premier atelier	*« Escaladez l'échelle, franchissez l'arceau, suivez les bancs, montez sur la table. Mettez-vous debout ou restez assis et sautez sur le tapis. »*
Donner la consigne du deuxième atelier	*« Montez sur le banc debout, en tirant sur la corde. Puis enjambez tous les dossiers des bancs et après les dossiers des chaises. Sautez de la dernière chaise. »*
Donner la consigne du troisième atelier	*« Mettez-vous à plat ventre devant le tunnel. Rampez sous le tunnel, jusqu'au bout. »*
Donner la consigne du quatrième atelier	*« Marchez sur le tapis magique, sans en descendre, jusqu'au bout. »*

III. Faire réussir les enfants

6. Définir les différentes stratégies de la réussite de l'enfant

- Pour monter à l'échelle, avancer un pied après l'autre :
  - trouver l'équilibre en marchant debout sur les bancs ;
  - monter debout sur la table ;
  - sauter debout.
- Monter debout en équilibre sur le banc :
  - tirer fort sur la corde pour se hisser en haut du banc ;
  - enjamber les dossiers l'un après l'autre ;
  - se tenir à chaque dossier ;
  - se mettre debout sur la dernière chaise ;
  - sauter sur le tapis, le plus loin possible.
- Ramper sous le tunnel le plus vite possible.
- Marcher sur le tapis magique, de plus en plus vite.

7. Définir l'étayage par le geste, l'oral, l'écrit éventuellement

	Étayage
Le geste	• En donnant les consignes, faire présenter l'atelier par un enfant suffisamment à l'aise. • Donner la main aux moins hardis.
L'oral	• Les encourager. • Leur dire où ils doivent poser leur main, leurs pieds. • Changer le sens du parcours des ateliers.

IV. Observer

8. Proposer des problèmes similaires

- Des ateliers ayant pour dominante la suspension.
- Des ateliers ayant pour dominante le ramper.
- Des ateliers ayant pour dominante l'escalade.
- Des ateliers ayant pour dominante l'équilibre.

9. Observer avec bienveillance les démarches de l'élève

- Aller doucement pour découvrir les ateliers.
- Les franchir très vite.
- Encourager les autres… pour paraître plus fort.
- Demander la main de l'adulte.
- Recommencer très vite.

NB : Les deux derniers ateliers n'ont pas besoin de surveillance physique de la part de l'enseignant(e) ; ils représentent beaucoup moins de risques que les deux premiers.

Découvrir un environnement nouveau

Domaine Agir, s'exprimer, comprendre à travers l'activité physique

Matériel

- Foulards de couleur
- Balles ou objets divers
- Clochettes
- Cônes ou autres balises
- Dossards pour les enfants, portant en suffisamment gros le nom et le n° de téléphone de l'école

Nombre d'élèves

Tous les enfants de la classe avec des accompagnateurs adultes : l'ATSEM, le directeur(trice), des animateurs, des stagiaires…

I. Préparer la séquence

1. Poser le problème

Les enfants vont découvrir ici un espace plus grand que celui utilisé habituellement : ce peut être une aire de jeux, un parc urbain, un champ derrière l'école ou un petit bois dans la mesure où il est bien circonscrit.

Pour la sécurité des enfants, il est impératif de :
- ne pas choisir un endroit présentant un danger ;
- repérer les lieux à l'avance ;
- prévoir des adultes accompagnateurs en nombre suffisant ;
- revêtir les enfants d'un dossard ou d'une chasuble très visible portant les coordonnées de l'école.

2. Définir les objectifs

- Prendre des repères sur un terrain nouveau.
- S'organiser au sein de cet espace.
- Jouer dans un grand espace.
- Devenir plus autonome.

3. Définir les compétences à atteindre

- Investir l'espace sans appréhension.
- Prendre conscience des risques potentiels.
- Développer de nouvelles conduites motrices.
- Prendre conscience de sa sécurité et de celle des autres.

II. Agir pendant les séances

4. Définir le scénario de la séance

L'enseignant(e) propose différents jeux pour appréhender le nouvel espace.

Avant de commencer à jouer, l'enseignant(e) emmène tous les enfants faire le tour du terrain « autorisé ». Il (elle) montre à chacun des repères placés à leur hauteur, au besoin il (elle) demande à certains enfants de rajouter quelques rubans de couleur pour renforcer ces repères et indique aux enfants à quel adulte ils doivent se référer en priorité.

Première séance

- Découvrir l'espace.
- Partager la classe en quatre groupes (visualisés par couleurs des dossards ou de chasubles).
- Cacher des cartons contenant chacun des balles, des foulards, des anneaux ou des cordes.
- Jouer les uns après les autres.

Deuxième séance

En grand groupe :
- prendre un foulard ;
- aller le cacher en un point du terrain, là où on veut ;
- revenir au point de départ ;
- lorsque tous les enfants sont revenus, leur demander d'aller récupérer leur foulard ;
- le gagnant est celui qui rapporte le foulard le premier dans la caisse.

Troisième séance

Jouer individuellement :
- partir les uns après les autres en courant ;
- ne pas attendre que l'enfant revienne pour faire partir le suivant.

5. Définir l'accompagnement de l'enseignant

	Accompagnement
Donner la consigne de la première séance	« *Allez chercher* ***une*** *balle,* ***un*** *foulard,* ***un*** *anneau,* ***une*** *corde. Le premier groupe peut partir. Le deuxième partira quand le premier reviendra.* » Répéter la consigne au départ de chaque groupe. Montrer que le nombre d'objets rapportés ne correspond pas à la consigne. Insister sur l'unicité des objets rapportés. Redonner la consigne en disant : « *Une balle et une seule, un foulard et un seul, un anneau et un seul, une corde et une seule.* »
Donner la consigne de la deuxième séance	« *Prenez un foulard dans la caisse, regardez bien la couleur, et allez le cacher dans un endroit de l'espace connu seulement de vous. Puis revenez au point de départ.* » « *Retournez chercher le foulard à l'endroit où vous l'avez caché ; rapportez-le très vite dans la caisse. Le gagnant est le premier qui le rapporte.* » Insister sur la mémorisation de la couleur.
Poser des questions ouvertes	« *Le foulard que vous deviez cacher était de quelle couleur ?* » « *Dans quel endroit avez-vous caché le foulard ? À côté de quoi ?* » « *À côté de quoi était posé le foulard ?* »
Donner la consigne de la troisième séance	« *Passez à droite d'un plot, faites résonner une clochette accrochée. Ensuite montez sur une caisse, descendez-en, passez entre deux plots, passez sous une corde tendue entre deux arbres ou deux barres et revenez au point de départ.* » Répéter la consigne entre les départs de 4 ou 5 enfants. La faire répéter à ceux qui reviennent. Poser des questions à ceux qui reviennent.

III. Faire réussir les enfants

6. Définir les différentes stratégies de la réussite de l'enfant

- Écouter avec attention les consignes.
- Les respecter.
- Les mémoriser.
- Se déplacer avec aisance.

7. Définir l'étayage par le geste, l'oral, l'écrit éventuellement

	Étayage
Le geste	• Dans le deuxième jeu, si un enfant paraît un peu timoré et redoute d'aller tout seul « se perdre » dans l'espace, l'accompagner au moins sur les premiers pas.
L'oral	• Encourager les enfants dans leur jeu. • Les aider à retenir le chemin en leur faisant répéter avant le départ.
L'écrit	• Si l'on réitère des jeux à l'extérieur (ce qui est souhaitable), on peut coder les déplacements : dessiner le plot, la clochette, la caisse, la corde tendue entre les deux barres, les deux plots et un chemin qui passe • Décrypter ce dessin.

IV. Observer

8. Proposer des problèmes similaires

- Établir des déplacements élaborés avec consignes dans la cour de récréation.
- Réitérer des déplacements dans le square à côté de l'école.
- Aller sur un terrain de sport à côté de l'école et l'aménager.

9. Observer avec bienveillance les démarches de l'élève

- Prendre des repères.
- Jouer dans un grand espace.
- Devenir plus autonome.
- Développer de nouvelle conduites motrices.

Courir, sauter, lancer

Domaine Agir, s'exprimer, comprendre à travers l'activité physique

Matériel

Courir
- Dossards de couleur, plots

Sauter
- Long élastique tendu à 30 cm du sol
- Tapis, banc

Lancer
- Bancs couchés, lattes, cerceaux, cordes
- Anneaux, balles, quilles, sacs de graines
- Fil accroché en hauteur où sont fixées des ficelles terminées par des grelots

Nombre d'élèves

La classe entière répartie en petits groupes de 6 à 8.

I. Préparer la séquence

1. Poser le problème

Dès la petite section, on peut et on doit proposer aux enfants des situations variées mettant en jeu les grands domaines de l'athlétisme : course, saut, lancer. Les enfants s'y engagent pour le plaisir, ce qui n'empêche pas d'utiliser des réussites fortuites pour mettre en place des moments d'exercices permettant aux enfants d'améliorer leurs performances.

2. Définir les objectifs

- Acquérir la notion de dépassement de soi.
- Se situer par rapport aux autres.
- Inventer des procédures pour réussir.
- Aborder des notions de mesure : loin, haut, vite.

3. Définir les compétences à atteindre

- Courir de différentes façons.
- Sauter de différentes façons.
- Lancer de différentes façons.
- Dans différents espaces.
- Avec des matériels variés.

II. Agir pendant les séances

4. Définir le scénario de la séance

L'enseignant organise des ateliers autour des compétences du « lancer » et du « sauter », puis propose dans un troisième temps des jeux de « course » dans la cour de récréation.

Première séance

- **Lancer dans l'espace délimité par les bancs**
  - Choisir sa distance de lancer.
  - Ne pas rentrer dans l'espace de lancer avant que tous les participants aient finis de lancer.
  - Choisir un objet dans la caisse.
  - Attendre que tous les enfants aient un objet en main.
  - Le lancer au milieu des bancs.
  - Faire le geste.
  - Aller chercher l'objet lancé quand tous les enfants ont lancé le leur.
  - Préciser sa distance de lancer : « je me mets là ».
  - Poser un cerceau et lancer à partir du cerceau.
- **Lancer sur une cible pour faire tinter des clochettes**
  - Lancer une balle sur les clochettes et tenter de les faire sonner.
  - Lancer à partir d'une ligne matérialisée par une corde.

Deuxième séance

- **Sauter loin**
  - Monter sur un banc.
  - Sauter sur un tapis.
  - Essayer d'atteindre une ligne de couleur tracée sur le tapis.
  - Recommencer.
- **Saut de rivière**
  - Tracer au sol quatre lignes distantes de 30 cm, 40 cm, 50 cm.
  - Prendre de l'élan. Courir et essayer de franchir « la rivière » en sautant.
  - Si réussite de la première rivière, essayer de franchir une rivière plus large et ainsi de suite.
- **Sauter en hauteur**
  - Franchir un élastique fixé dans un premier temps à 25 cm du sol.
  - Donner un point de départ.
  - Faire évoluer l'activité en remontant l'élastique.

Troisième séance

- **Courir à deux**
  - Baliser un circuit dans la cour de récréation (environ 150 m).
  - Découvrir le circuit avec tous les enfants.
  - Leur faire remarquer toutes les embûches.
  - Donner à chaque enfant un dossard.
- **Jouer à se poursuivre par équipe**
  - Répartir les enfants en plusieurs groupes de couleur (grâce aux dossards ou aux chasubles).
  - Les ranger dans l'ordre de départ.
  - Faire partir le premier groupe, le groupe bleu qui doit atteindre un but précis.
  - Puis faire partir le deuxième groupe, le groupe jaune, qui doit poursuivre le premier.
  - Puis faire partir le troisième groupe, le vert, qui doit poursuivre les deux premiers.
  - Puis faire partir le quatrième groupe, le rouge, qui doit poursuivre les trois premiers.
  - Changer de rôle et de but à chaque partie.

5. Définir l'accompagnement de l'enseignant

	Accompagnement
Donner la consigne de la première séance	*« Choisissez un objet dans la caisse. »* *« Allez le lancer au milieu des bancs. »* *« Je vous montre. »* *« Allez chercher votre objet quand tous les objets sont lancés. »* *« Mettez-vous derrière la corde et vous lancez la balle vers les clochettes. »*
Donner la consigne de la seconde séance	*« Montez sur le banc ; sautez par dessus la ligne tracée sur le tapis. »* *« Faites-le plusieurs fois. »* *« Courez ; essayez de franchir la première rivière en sautant. »* *« Réessayez plusieurs fois. »* *« Courez et sautez par dessus l'élastique. Recommencez. »*
Poser des questions ouvertes	*« Quel objet préfères-tu lancer ? Pourquoi ? »* *« As tu compris comment il fallait tenir ton bras pour lancer ? »*
Donner la consigne de la troisième séance	*« Courez deux par deux tout au long du circuit ; le premier qui arrive a gagné. »* *« Je mets à chacun de vous des chasubles de couleur différentes. Mettez-vous par groupes de couleur. Vous connaissez le parcours, dans la cour. Courez jusqu'au jeu des Matriochka. Le premier groupe des bleus va partir. Il doit courir vite, car les jaunes vont partir et doivent les rattraper. Puis les verts partent et doivent rattraper les jaunes. Puis les rouges doivent rattraper les verts. Alors tout le monde doit courir vite et ensemble. »*

III. Faire réussir les enfants

6. Définir les différentes stratégies de la réussite de l'enfant

Suivant les différents jeux les enfants ont des stratégies diverses.
- Regarder les autres.
- Réessayer sans relâche.
- Se comparer aux autres.
- Essayer plusieurs mouvements.

7. Définir l'étayage par le geste, l'oral, l'écrit éventuellement

	Étayage
Le geste	**Le lancer** • Montrer le geste de lancer au milieu des bancs • Montrer le balancé du bras pour les quilles, les balles. • Faire la différence du lancer avec l'anneau ; faire les gestes. • Accompagner le geste de l'enfant en lui prenant la main. • Montrer l'élévation du bras vers la cible des clochettes. **La course** • Montrer les embûches dans le parcours balisé. • Montrer le but à atteindre (les Matriochka). • Les aider à se ranger par groupe de couleur. • Les lancer dans la course.
L'oral	**Le lancer** Proposer : • de ne pas prendre tous les mêmes objets ; • de ne pas trop se rapprocher des bancs. **La course** • Insister sur les embûches.
L'écrit	• Faire un tableau de ses performances. • En temps pour la course. • En distance pour le lancer et le saut. • Marquer les progressions.

IV. Observer

8. Proposer des problèmes similaires

A. Lancer
- Un objet par dessus une corde.
- Une balle dans un grand seau.
- Un ballon vers un camarade.
- Réitérer tous les ateliers de lancers souvent.

B. Sauter
- Plusieurs caissettes sur un petit parcours de course.
- Plusieurs lattes (ou cordes) disposées comme des rivières sur un parcours.
- Plusieurs élastiques à sauter en hauteur sur un parcours.

C. Courir
- Courir en solitaire tout autour de la cour.
- Course en fil indienne à toute petite vitesse.
- Course dans un espace très encombré (course de slalom).

9. Observer avec bienveillance les démarches de l'élève

Noter les progressions de l'enfant :
- dans sa position ;
- dans son éloignement de la cible ;
- dans son autonomie par rapport aux actions de courir, sauter, lancer.

Composser des mélanges

Domaine Les productions plastiques et visuelles

Matériel

Par enfant :

- Petites assiettes contenant chacune **deux** couleurs : bleu + rouge, rouge + jaune, bleu + jaune de peinture à doigt, bâche en plastique de protection, tablier, une feuille format demi raisin posée horizontalement sur la table
- Sur une palette : petits tas de gouaches des **trois** couleurs primaires, plusieurs pinceaux gros format par enfant, un petit pot d'eau, un chiffon, un tablier, une feuille format demi raisin sur plan oblique ou vertical

Nombre d'élèves

Un groupe de 6 à 8 enfants.

I. Préparer la séquence

1. Poser le problème

En petite section, l'enseignant(e) conduit les enfants à découvrir les mélanges de couleurs de différentes manières. Ils manipulent les couleurs primaires et obtiennent les couleurs secondaires, des nuances diverses selon les quantités utilisées. Ils recouvrent les feuilles.

2. Définir les objectifs

- Mélanger les couleurs.
- Découvrir les couleurs secondaires à partir des couleurs primaires.
- Reconnaître et nommer les couleurs obtenues.
- Recommencer la tâche pour obtenir les mêmes couleurs.

3. Définir les compétences à atteindre

- Différencier les trois couleurs primaires.
- Différencier les couleurs secondaires.
- Prendre conscience des nuances.

II. Agir pendant les séances

4. Définir le scénario de la séance

Première séance

- Présenter le matériel. Le faire décrire et nommer.
- Demander ce que l'on pourrait faire avec ces assiettes pleines de peinture. Émettre des propositions. Lancer l'atelier de peinture. Laisser les enfants manipuler et expérimenter.
- Laisser des traces sur la feuille.
- Faire un retour sur les productions réalisées.

Deuxième séance

- Présenter le matériel. Faire nommer ce matériel.
- Montrer les gestes à effectuer. Insister sur le lavage et l'essuyage du pinceau.
- Laisser les enfants manipuler.

5. Définir l'accompagnement de l'enseignant

	Accompagnement
Donner la première consigne	*« Prenez de la peinture d'une couleur, posez-la sur la feuille. Vous pouvez l'étaler. Prenez ensuite l'autre couleur, mélangez-la sur la feuille avec l'autre peinture. »* *« Laissez des traces sur la feuille. »* *« Reprenez encore de la peinture, d'une couleur ou d'une autre. »* *« Dessinez sur la feuille. »* *« Prenez du mélange avec le doigt et tournez sur la feuille. »*
Donner une seconde consigne	*« Avec un pinceau, prenez un peu de peinture d'une couleur, pose-la sur la feuille. Peignez la feuille. Puis lavez bien votre pinceau avant de reprendre une autre couleur et de la mélanger avec la première. »* *« Prenez par exemple du bleu, puis du jaune. »*

	Accompagnement
Poser des questions ouvertes	*« As-tu mis suffisamment de peinture au bout de ton doigt ? »* *« Comment mélanges-tu les peintures ? »* *« Quels mouvements fais-tu ? Montre-moi. »* *« Quelle couleur obtiens-tu ? »* *« Obtiens-tu toujours la même couleur ? »* *« Est-ce vraiment toujours la même couleur ? »*

III. Faire réussir les enfants

6. Définir les différentes stratégies de la réussite de l'enfant

- L'enfant prend volontiers la peinture avec son doigt.
- Il « barbouille » la feuille et verbalise son action.
- Il nomme les couleurs obtenues.

7. Définir l'étayage par le geste, l'oral, l'écrit éventuellement

	Étayage
Le geste	**1.** Faire une démonstration : prendre un peu de peinture avec le doigt, la poser sur la feuille, prendre la peinture de l'autre couleur. Continuer. **2.** Mélanger les peintures sur la feuille. Redonner de la peinture s'il en est besoin.
L'oral	• Nommer les couleurs. • Nommer les mouvements effectués par les enfants : tourner ; tamponner ; tapoter ; étaler ; superposer ; étaler. • Encourager. Inviter les enfants à recouvrir la feuille.
L'écrit	Faire un tableau dans le coin peinture montrant : - les mélanges des couleurs primaires pour obtenir les couleurs secondaires ; - les mouvements.

IV. Observer

8. Proposer des problèmes similaires

- Ajouter le noir et le blanc.
- Changer la texture de la peinture.
- Travailler avec des pastels.

9. Observer avec bienveillance les démarches de l'élève

- Chaque enfant s'organise seul. Ses mouvements sont différents de ceux de ses camarades. Il cherche à s'autonomiser, en guettant de moins en moins le regard de l'enseignant.
- Il respecte la consigne.

Chanter en chorale

Domaine Univers sonores

Matériel
- Le contenu de la malle (voir annexe 2)
- Le texte proposé en annexe 1)
- Les voix des enfants

Nombre d'élèves
Classe entière.

I. Préparer la séquence

1. Poser le problème

Avant de participer à la chorale, les enfants ont besoin d'exercer leur voix.
Chaque semaine, l'enseignant(e) prépare les enfants à chanter en inventant des bruits.
Dans d'autres séances autour à l'univers sonore de la classe, il (elle) propose d'inventer une histoire avec le contenu de la malle aux trésors.

2. Définir les objectifs

- Produire des bruits différents avec sa langue et sa voix.
- Imaginer des bruits étranges.
- Les reproduire avec des objets.
- Construire une histoire avec des bruits.

3. Définir les compétences à atteindre

- Jouer avec sa voix.
- Explorer des variantes de timbre, d'intensité, de hauteur, de nuance.
- Reproduire avec des instruments simples des bruits familiers et des formules rythmiques simples.

II. Agir pendant les séances

4. Définir le scénario de la séance

Première séance
Inventer une première histoire avec sa langue et ses lèvres
Le petit singe dans la forêt
Le petit singe vit dans une lointaine forêt avec son grand papa et sa jolie maman.
Il se pend dans les arbres OUH OUH OUH OUH OUH OUH OUH !
Il se gratte la tête GRR GRR GRR GRR GRR GRR !
Il a très soif FFFFFFFFFFFFFFFFFF !
Alors il cueille une noix de coco et la tape contre un tronc d'arbre BAN BAN BAN BAN !
Quand il est repu, il pousse un soupir de bonheur HHHH-HHHHHHH !
Il claque sur sa langue TATATATATATATA !
Ah ! qu'on est bien dans la forêt OOOOOOOOOOOOOO !

Deuxième séance
Inventer une histoire avec le contenu de la malle (voir Annexe)
- L'enseignant invente une histoire et les enfants vont faire les bruitages.
- Raconter l'histoire phrase par phrase.
- Laisser les enfants s'imprégner de l'histoire.
- Répondre à leurs questions.

Troisième séance
Reconstituer un paysage sonore
Le paysage des transports
- Définir le bruit d'une voiture qui roule.
- Le refaire avec sa voix.
- Chercher d'autres transports roulants : camions, motos, trains, avions, tracteurs…
- Constater qu'ils font tous des bruits différents, qu'ils changent de bruit quand ils démarrent, quand ils roulent.
- Chercher à les reproduire avec la voix.
- Chercher d'autres moyens de faire des bruits du paysage des transports.
- Chercher dans la malle à musique.

5. Définir l'accompagnement de l'enseignant

	Accompagnement
Donner la première consigne	*« Répétez les onomatopées que je dis avec votre langue et vos lèvres. »*
Donner une seconde consigne	*« Je vais vous raconter une histoire dans laquelle il y a plein de bruits. Écoutez bien. »* *« Je vais vous la redire phrase par phrase. »* *« Vous allez chercher dans la malle ce qui pourrait faire les bruits de l'histoire. »*
Poser des questions ouvertes	*« Et si vous inventiez une phrase chacun avec une onomatopée au bout ? »* *« Si tu fais ce bruit, cela te fait penser à quoi ? »* (L'enfant met des graines dans une boite en plastique et l'agite.) *« Si vous jouez à plusieurs, que se passe-t-il dans la rue ? »*

	Accompagnement
Donner une troisième consigne	*« Vous connaissez le bruit d'une voiture qui démarre. Essayez de le reproduire avec votre voix. »* *« Essayez de faire le bruit d'une voiture qui roule avec votre voix. »* *« Cherchez dans la malle s'il y a un instrument ou un objet qui convient mieux. »* *« Essayez de faire le bruit d'un camion, d'une moto, d'un train, d'un avion, d'un tracteur… »*

III. Faire réussir les enfants

6. Définir les différentes stratégies de la réussite de l'enfant

- Les enfants répètent systématiquement toutes les onomatopées puis se mettent à en inventer.
- Puis c'est eux qui inventent une histoire avec des onomatopées.
- Les enfants sont inventifs, ils trouvent dans la malle des objets qui font des bruits évoquant ceux de l'histoire. Ils tirent des sons de tous les instruments.
- Là aussi très inventifs, ils passent de la voix aux objets et aux instruments.

7. Définir l'étayage par le geste, l'oral, l'écrit éventuellement

	Étayage
Le geste	• Le geste accompagne la montée en puissance des éléments dans l'histoire. • Aider les enfants maladroits à s'emparer des objets ou des instruments. • Leur montrer comment tirer un son d'une flûte par exemple.
L'oral	• Dans la deuxième séance, répondre à toutes les questions concernant l'histoire de la mer mais laisser planer l'imaginaire. • Les aider à trouver quelques bruits s'ils ne trouvent pas. • Leur faire écouter.

IV. Observer

8. Proposer des problèmes similaires

- Développer la tessiture des jeux vocaux.
- Découvrir les possibilités sonores des objets du coin cuisine, du coin peinture, du coin marchand, de l'espace scientifique.
- Représenter, nommer ces objets.
- Coder les gestes nécessaires à la production sonore.

9. Observer avec bienveillance les démarches de l'élève

- Chercher à tirer des sons de sa voix devant les autres.
- Tirer avec plaisir des sons du matériel à disposition.
- Respecter les consignes.

Annexe 1

Histoire donnée par l'enseignant

Nous étions au bord de la mer pendant les vacances.
Une nuit, je fus réveillée par un grincement bizarre. Il devenait de plus en plus fort ; et d'un seul coup des claquements commencèrent, répétés, réguliers.
J'entendis alors des petits tapotements, faibles au départ qui s'amplifièrent.
C'est alors que je compris ce qui se passait : la tempête était là ; le vent soufflait ; la pluie tombait.
La mer frappait sur la jetée. Les vagues faisaient un bruit énorme.
Je me blottis dans mon lit et me serrai contre mon doudou.
Au matin, tout était redevenu calme. Mon frère tapait sur son bol dans la cuisine, et maman grattait des carottes.

Annexe 2

Contenu de la Malle à musique

Divers matériaux de récupération (bouts de bois, papier à froisser, pots de yaourt remplis de graines plus ou moins grosses, brosses plastiques à frotter l'une contre l'autre, brosses métalliques…), claves, maracas, tambourins, xylophone…

Fiche séquence

Grande section

Créer une sculpture pour l'école

Domaine Les productions plastiques et visuelles

Matériel

- Journaux (quotidiens de préférence), bassine de colle à papier peint, support : une planche en bois
- Boites de chaussures d'enfants récupérées auprès des familles
- Colle à papier
- Peintures de couleur blanche

Nombre d'élèves

4 groupes de 6 à 8 enfants.

I. Préparer la séquence

1. Poser le problème

Deux grands objectifs : décorer l'école avec une sculpture, résoudre le problème de la « transformation de la représentation habituelle du matériau utilisé [qui] favorise la représentation du monde en trois dimensions, la recherche de l'équilibre et de la verticalité. » BO spécial n° 2 du 26 mars 2015.

2. Définir les objectifs

- Jouer avec les volumes.
- Manipuler des matériaux nouveaux.
- Trouver d'autres gestes : modeler ; transformer par ajout ou retrait.
- Jouer avec la matière.
- Découvrir la malléabilité de la matière.
- Découvrir les problèmes d'équilibre, de collage et de tenue.

3. Définir les compétences à atteindre

- Réaliser une composition plastique en groupe.
- Choisir et combiner des matériaux.
- Réinvestir des techniques et des procédés.

II. Agir pendant les séances

4. Définir le scénario de la séance

Première séance

Fabriquer des boules de papier

- Déchiqueter des morceaux de journaux en quantité.
- Faire des boules très serrées, le plus serré possible, en les trempant dans la colle.
- Presser la boule pour enlever le surplus de colle.
- Ajouter d'autres feuilles de journaux à la première boule pour la faire grossir.
- La faire rouler sur une feuille de plastique.
- Entasser les boules sur le support.
- Prendre conscience des problèmes d'empilement et d'accumulation ; chercher à « faire tenir ».

Deuxième séance

- Empiler des boites de chaussures d'enfants pour faire une sculpture :
- fermer puis empiler les boites ;
- réfléchir à l'empilement.
- Manipuler plusieurs fois :
- travailler la notion de support. Monter progressivement la sculpture en hauteur ;
- coller petit à petit ;
- recouvrir de peinture blanche couvrante.

5. Définir l'accompagnement de l'enseignant

Consignes	Accompagnement
Donner la consigne de la première séance	*« Plongez les feuilles de journaux dans la bassine de colle et faites une boule. »* *« Serrez bien votre première boule pour qu'il n'y ait pas trop de colle. »* *« Ajoutez les feuilles de journaux une à une. »* *« Quand il n'y a plus de colle, replongez la boule dans la bassine et serrez-la. »* *« Vous la roulez enfin. »*

Consignes	Accompagnement
Donner la consigne de la deuxième séance	*« Empilez les boites de chaussures. Elles ne doivent pas s'écrouler. »* *« Nous les collerons quand nous auront choisi la meilleure façon de les installer. »*
Poser des questions ouvertes	*« Comment peut-on ranger chaque boule ? »* (Les faire ranger au niveau de 3 enfants.) *« Comment pouvez-vous monter un mur de boites ? »* *« Comment pouvez-vous arranger autrement ce mur de boites, pour qu'il soit moins « mur » ? »*

III. Faire réussir les enfants

6. Définir les différentes stratégies de la réussite de l'enfant

- Utiliser de multiples essais pour réussir le collage des feuilles de journaux : presser en aplatissant, rouler, envelopper avec de multiples feuilles de journaux.
- Puis, pour faire une « montagne » de boules, essayer plusieurs techniques : les monter toutes les unes sur les autres, voir que cela ne tient pas parce que c'est trop haut. Réessayer en montant en pyramide ou en tas, mais en rétrécissant le socle.
- Même chose pour les boites qui peuvent en revanche être collées en équilibre.

7. Définir l'étayage par le geste, l'oral, l'écrit éventuellement

	Étayage
Le geste	• Montrer le geste à effectuer. • Laisser les enfants manipuler. • Les encourager.
L'oral	• Reformuler la consigne. • Détailler chacun des gestes. • Proposer éventuellement un mode d'emploi par codage.

IV. Observer

8. Proposer des problèmes similaires

- Faire des boules de pâte à papier, le plus ronde possible, avec de la poudre du commerce ; les faire tenir en équilibre sur un support.
- Faire des billes de plâtre et les enfiler sur des torillons.
- Faire des boules de terre : les faire tenir en « montagne » sans les coller.
- Les peindre et jouer sur les couleurs.

9. Observer avec bienveillance les démarches de l'élève

- Laisser les enfants manipuler.
- Suggérer éventuellement quand on voit que les enfants courent à la catastrophe dans leurs essais et risquent de se décourager.
- Les encourager dans leurs essais.

Fiche séquence

Petite section

Trier, classer, ranger

Domaine Construire les premiers outis pour structurer sa pensée

Matériel

- une armoire avec des petites caisses
- une table à langer et une baignoire avec des jeux de bain en plastique
- des vêtements de tailles et de couleurs différents
- des poupées de taille différentes
- des lits correspondant aux nombres de poupées
- des éléments de literie : draps, oreillers, couettes ou couvertures
- une table de toilette et du matériel : brosse, peigne, flacons, serviettes

Nombre d'élèves

Petit groupe de 6 enfants.

I. Préparer la séquence

1. Poser le problème

Souvent les coins jeux sont laissés en désordre par les enfants en début d'année ou bien à certains moments de la journée. Il est donc indispensable d'habituer toute la classe au rangement des coins jeux.

2. Définir les objectifs

- Identifier chaque objet.
- Le décrire.
- Les ranger.

3. Définir les compétences à atteindre

- Trier des objets en fonction de caractéristiques liées à leur taille.
- Classer des objets en fonction de caractéristiques liées à leur taille.
- Les ranger par taille.

II. Agir pendant les séances

4. Définir le scénario de la séance

Tout est en désordre dans le coin poupées à l'arrivée des enfants : les poupées par terre, les objets en désordre, les meubles tombés…
Que faire ?

Première séance

Remettre de l'ordre

- Faire préciser les actions : ramasser le matériel à terre ; remettre les meubles debout ; ramasser les poupées et les poser sur la table ; chercher une corbeille pour ranger les vêtements ; rassembler les éléments de literie ; rassembler les éléments de la table de toilette et les jouets de bain dans un panier.
- Observer le coin de nouveau rangé.
- Donner une première règle : ranger le coin poupée lorsqu'on a fini de jouer ou bien à la fin de la journée.

Deuxième séance

Ranger les poupées et leurs vêtements par ordre de taille

- Les poupées ne sont pas toutes de la même taille. Elles possèdent chacune des vêtements à leur taille. Il faut donc ranger les vêtements par ordre de taille et les attribuer à chacune des poupées.
- Discuter au sein du groupe sur la stratégie à entreprendre :
  - essayer chaque vêtement à toutes les poupées ;
  - poser chaque vêtement l'un sur l'autre et voir quel est le plus grand, quel est le petit ;
  - poser un vêtement sur une poupée pour voir s'il lui va.
- Choisir la stratégie la plus efficace ou la plus rapide.
- Ranger les poupées de la plus petite à la plus grande : mesurer les poupées en les mettant debout les unes à côté des autres.
- Mettre les vêtements les plus petits dans une panière, les « moyens » dans une autre panière, les « grands » dans une troisième panière.
- Étiqueter chaque panière avec une gommette différente.
- Poser les panières dans l'ordre croissant devant les poupées.

Troisième séance

Trier, puis classer le matériel du coin poupées

- Tous les éléments de la literie, de la table de toilette et les jouets de bain ont été rangés dans une grande panière. Mais cela ne convient pas, il faut que chacun des objets regagne le lieu qui convient et soit ranger à sa place.
- Présenter chacun des éléments.
- Les identifier.
- Les décrire.
- Les nommer.
- Dire à quoi ils servent, et comment on s'en sert.
- « *Tous ces objets peuvent-ils rester ensemble ?* »

5. Définir l'accompagnement de l'enseignant

Consignes	Accompagnement
Donner la première consigne	*« Comment allons-nous faire pour ranger le coin-poupées ? »* Laisser les enfants s'exprimer. Les laisser agir. Observer leurs réactions. Les interroger. Leur faire constater le rangement.
Donner une seconde consigne	*« Je vous demande de ranger les poupées par ordre de taille. Après il faudra ranger leurs vêtements par ordre de taille. »* Demander à chaque enfant son avis en ce qui concerne le rangement. Laisser chaque enfant manipuler les poupées pour les ranger par ordre de taille.
Poser des questions ouvertes	*« Comment était le coin poupées avant ? »* *« Que peut faire une maman si le lit du bébé est renversé ? »* *« Que peux faire une maman, de la même façon, si la table à langer est renversée ? »* *« Que doit-on faire si les poupées ne sont pas rangées ? »* *« Que peut-on faire de tous ces objets ? »* *« Comment les ranger ? »* *« Pouvez vous les décrire ? »* *« À quoi ressemblent ils ? »* *« Connaissez Vous leur nom ? »* *« Savez vous à quoi ils servent ? »* *« Savez vous comment on s'en sert ? »*
Donner la troisième consigne	*« Tout le matériel du coin poupées doit regagner sa place pour que vous puissiez jouer avec. Il est dans une grande panière. Pouvez-vous le ranger pour pouvoir jouer ? »* Laisser les enfants manipuler par deux, faire des propositions, demander du matériel, proposer de faire des collections nouvelles, mettre en correspondance les objets avec les poupées. Leur proposer cette dernière proposition, ou bien la correspondance avec un meuble (planche à langer, baignoire, lit…). Leur proposer des panières s'ils n'en ont pas l'idée.

III. Faire réussir les enfants

6. Définir les différentes stratégies de la réussite de l'enfant

Lors des différentes manipulations, observer :
- le lexique de l'enfant ;
- sa capacité à nommer ;
- ses différentes façons de créer des collections d'objets ;
- sa rapidité à ranger par taille les poupées ;
- la capacité à appareiller les vêtements avec la poupée qui convient.

7. Définir l'étayage par le geste, l'oral, l'écrit éventuellement

	Étayage
Le geste	• Présenter le matériel. • Mettre en correspondance chaque poupée l'une après l'autre. • Leur montrer les différences de taille.
L'oral	• Donner le vocabulaire adéquat : plus, plus que, moins, moins que.

IV. Observer

8. Proposer des problèmes similaires

- Trier et classer le matériel de cuisine.
- Trier et classer le matériel de l'atelier « flotte / coule ».
- Ranger les briques de Duplo ou de Lego.
- Ranger les voitures par couleur.

9. Observer avec bienveillance les démarches de l'élève

- Manipuler.
- Questionner.
- Tenter.
- Trier.
- Ranger.

Fabriquer et jouer aux dominos

Domaine Construire les premiers outis pour structurer sa pensée

Matériel

- Différents jeux de dominos : couleurs, formes, constellations, chiffres (se procurer dans d'autres classes plusieurs jeux, de façon à avoir des tables de 4)
- Carton blanc
- Feuilles ordinaires avec la forme des dominos
- Photocopies des motifs destinés à la fabrication des dominos

Nombre d'élèves

Petits groupes de 4 élèves.

I. Préparer la séquence

1. Poser le problème

Fabriquer un jeu de dominos afin d'intégrer sa composition et la règle du jeu.

2. Définir les objectifs

- Associer des formes.
- Classer.
- Comprendre une règle d'organisation d'un jeu.
- La réinvestir.

3. Définir les compétences à atteindre

- Utiliser le dénombrement pour comparer deux quantités.
- Mobiliser des symboles pour communiquer sur une quantité.
- Quantifier des collections.

II. Agir pendant les séances

4. Définir le scénario de la séance

Dans un premier temps, les enfants vont être amener à observer des jeux du commerce. Ils examineront les dominos, en comparant les constellations.
Puis ils fabriqueront un nouveau jeu.
Disposer la classe de manière que tout le monde puisse jouer par 4 en même temps.

Première séance

Observer les jeux de dominos

- Disposer différents dominos (couleurs, formes, constellations...) sur les tables.
- Découvrir ces jeux ; les manipuler ; entasser les pièces ; les mettre bout à bout ; faire des chemins ; remarquer que certains dessins sont identiques.
- Rassembler tous les groupes et leur demander de raconter comment ils ont « joué » avec leurs dominos.
- Décrire les dominos : deux parties égales ; sur chaque partie il y a une forme, une couleur, une constellation, un chiffre, rien.

Deuxième séance

Trouver la règle d'un jeu de domino

- Chercher la composition d'un jeu de domino.
- Compter les pièces : 28 dominos.
- Les classer : tenter de les trier, les doubles (ceux où il y en a un, ou deux...).
- La tâche s'avère impossible puisqu'il faut prendre en compte les deux parties du dominos.
- Faire des propositions de « règle de jeu » à partir des observations de tentatives de classement.
- Améliorer ces propositions.
- Donner la véritable règle du jeu du domino.
- Proposer de jouer au jeu de domino.
- Commencer à suivre la règle en la rappelant fréquemment dans chaque groupe.

Troisième séance

Fabriquer un jeu de domino

- Proposer aux enfants de s'exercer sur du papier ordinaire avant de passer à la fabrication sur carton blanc épais.
- Choisir un motif : couleur, chiffres, gommettes...
- Chacun des groupes s'exerce à faire des propositions de fabrication de jeu sur les feuilles de papier mises à disposition.
- Mettre en commun toutes les propositions. Les comparer.
- Décider quelle est la plus pertinente.
- La reporter sur des dominos en carton épais.

5. Définir l'accompagnement de l'enseignant

	Accompagnement
Donner la consigne de la première séance	« *Décrivez ce que vous voyez sur les dominos.* » Passer entre les tables, encourager les enfants. Jouer avec eux. Les interroger quand ils posent les dominos. Leur demander pourquoi ils font cela. Attirer leur regard sur les dessins identiques ou différents de part et d'autre de la ligne médiane. Leur demander d'expliquer leurs manipulations, les dominos, et de répondre aux questions des camarades (en sollicitant ces dernières).

	Accompagnement
Donner la consigne de la deuxième séance	« *Classer les pièces du jeu.* » « *Comment joue-t-on aux dominos ?* » Dans les groupes, aider au dénombrement des pièces du jeu. Prononcer le bon vocabulaire : « *deux parties égales* », « *doubles* »… Donner la définition du « double ». Chercher les « doubles » , les isoler. Expliquer pourquoi ils sont « doubles ». Accompagner les propositions de règles du jeu en les reprenant, en les comparant.
Poser des questions ouvertes	« *Que vois-tu sur ce domino ?* » « *Pourquoi entasses-tu les dominos ?* » « *Comment sont-ils ?* » « *Pourquoi les alignes-tu ?* » « *Comment avez-vous joué avec le jeu de dominos ?* » « *Pouvez-vous décrire le jeu ?* » « *Les avez-vous compté ? Combien y en a-t-il ?* » « *Comment pouvez-vous les classer ?* » « *Pouvez-vous l'expliquer à vos camarades ?* » « *Avez-vous une idée de règle du jeu ?* »
Donner la consigne de la troisième séance	« *Essayez de fabriquer des jeux de dominos.* » Encourager chaque groupe. Déterminer quelle est la stratégie de chaque groupe. Arrêter la recherche pour indiquer la meilleure stratégie au bout d'un petit moment de manipulations. Créer les dominos par correspondance terme à terme avec un véritable jeu.

III. Faire réussir les enfants

6. Définir les différentes stratégies de la réussite de l'enfant

- Manipuler.
- Confronter.
- Mettre en correspondance.
- Dénombrer.
- Comparer.

7. Définir l'étayage par le geste, l'oral, l'écrit éventuellement

	Étayage
Le geste	• Manipuler les pièces des jeux avec les enfants. • Mettre en correspondance terme à terme un domino crée et un domino d'un jeu. • Jouer avec les enfants aux dominos pour mieux leur faire comprendre et intégrer la règle du jeu.
L'oral	• Faire prendre la parole. • Reformuler. • Expliciter. • Décrire. • Nommer. • Expliquer.
L'écrit	• Comparer deux constellations. • Dénombrer deux constellations. • Comparer deux couleurs. • Identifier deux images. • Les comparer.

IV. Observer

8. Proposer des problèmes similaires

- Découvrir le jeu de Petits chevaux ; réaliser un jeu de petits chevaux.
- Découvrir le jeu de l'oie ; réaliser un jeu de l'oie.
- Inventer un jeu de parcours.

9. Observer avec bienveillance les démarches de l'élève

- Jouer avec les autres.
- Les respecter.
- Développer des connaissances sur les petits nombres.
- Déduire une règle de manipulations.
- La mémoriser.
- Savoir réinvestir.

Jouer à la marchande

Domaine Construire les premiers outis pour structurer sa pensée

Matériel

Dans le coin marchand de la classe :
- Un porte-monnaie pour chaque acheteur, avec des pièces de 1 euro en fac-similé
- Des emballages vides
- Des fruits et légumes en plastique
- Des fac-similés de viande, fromages, pain… (voir par exemple dans le catalogue Matériel éducatif, Nathan)
- Objets fabriqués en pâte à sel

Nombre d'élèves

Petit groupe de 6 à 8.

I. Préparer la séquence

1. Poser le problème

L'enseignant(e) propose d'introduire des pièces de monnaie afin que chacun puisse faire un réel marché comme « maman » et rendre ce coin plus actif.

2. Définir les objectifs

- Énoncer la comptine numérique jusqu'à 10.
- Dénombrer une quantité.
- Approcher le cardinal jusqu'à 10 d'une collection.
- Mettre en place une correspondance terme à terme.

3. Définir les compétences à atteindre

- Raisonner en terme de « cardinal ».
- Échanger des quantités.
- Ordonner leur nombre et leur cardinal.
- Composer et décomposer des collections.

II. Agir pendant les séances

4. Définir le scénario de la séance

Le coin marchand va faire l'objet de transactions, d'échanges, qui vont permettre aux enfants de compter les sommes dues, ainsi que les sommes qu'ils doivent chercher dans leur porte-monnaie.

Première séance

Fixer les règles du jeu

- Fixer les prix des articles (dans un premier temps, 1 euro par article).
- Les afficher pour tous les articles du coin marchand.
- Déterminer que chaque client peut acheter au départ 5 articles seulement au maximum (pour que la somme ne dépasse pas 5).
- Fixer une somme de départ pour chacun : par exemple 10 euros.
- Commencer par jouer à 2.
- Choisir la fonction de chacun des 2 joueurs : le marchand et le client.
- Expliciter les règles.
- Dénombrer les pièces du porte-monnaie.
- Donner le cardinal.

Commencer ses emplettes

- Demander les prix des articles choisis. Demander la somme due.
- Chercher dans son porte-monnaie le nombre de pièces correspondant.
- Renouveler plusieurs fois les achats.
- Dénombrer avant chaque nouvel achat le nombre de pièces restantes dans le porte-monnaie.
- Échanger les joueurs, le marchand.
- Multiplier le nombre de joueurs et rajouter un marchand.
- Calculer ce que le marchand a gagné pendant le jeu.

Deuxième séance

Complexifier les règles du jeu

- Munir les acheteurs d'un billet de 5 euros et d'un billet de 10 euros, plus 5 pièces de 1 euro dans leur porte-monnaie.
- Recommencer le jeu en mettant derrière le comptoir un seul marchand et en choisissant un acheteur.
- Choisir le nombre d'articles voulus. Demander le prix. Annoncer la somme due.
- Donner l'appoint ou un billet.
- Rendre la monnaie sur 5 ou 10 euros.
- Multiplier le nombre de joueurs et rajouter un marchand.
- Augmenter le prix de certains articles (2 ou 3 euros).

5. Définir l'accompagnement de l'enseignant

Consignes	Accompagnement
Donner la première consigne	*« Annoncez quel est le prix de chaque article. »* *« Dites combien vous avez de pièces dans votre porte-monnaie. »* *« Comptez les. Quelle somme pouvez vous dépenser ? »* *« Que devez-vous demander au marchand ? »* *« Que devez-vous faire quand vous avez choisi les articles que vous voulez ? »* *« Savez-vous combien de pièces il vous reste lorsque vous avez fait votre premier achat ? »* *« Savez-vous quelle somme vous pouvez dépenser pour votre deuxième achat ? »* *« Comment va-t-on faire pour calculer ce que le marchand a gagné pendant la partie ? »*
Donner une seconde consigne	*« Combien avez-vous de pièces et de billets dans votre porte-monnaie ? »* *« Avec quelle somme partez-vous chez le marchand ? »* *« Combien d'articles pouvez vous acheter ? »* *« Savez-vous quelle somme vous devez quand vous avez choisi tous vos articles ? »* *« Demandez-la au marchand. »* *« Comment voulez-vous le payer ? »* *« Que voulez-vous lui donner ? Des pièces ? Des billets ? »* *« Avez-vous vérifié la monnaie qu'il vous a rendu ? »* *« Comment l'avez-vous vérifiée ? »* *« Comment avez-vous, monsieur le marchand, fait le compte des articles ? »* *« Pouvez-vous nous montrer ? »*

III. Faire réussir les enfants

6. Définir les différentes stratégies de la réussite de l'enfant

- Compter chaque collection (le contenu de son porte-monnaie, le nombre d'articles choisis).
- Choisir dans son porte-monnaie la collection qui correspond au nombre d'articles choisis par correspondance terme à terme. Puis donner immédiatement le cardinal des collections concernées.
- Faire le complément à 5, puis à 10 : en dénombrant, puis en annonçant le cardinal.

7. Définir l'étayage par le geste, l'oral, l'écrit éventuellement

	Étayage
Le geste	• Jouer avec les enfants : être tour à tour marchand et acheteur. • Se mettre dans les mêmes situations.
L'oral	• Poser les questions. • Écouter le jeu des enfants. • Faire recommencer les dialogues éventuellement entre le marchand et le client. • Les faire écouter au groupe.
L'écrit	• Mettre les étiquettes de prix sur les articles. • Faire les additions. • Afficher les sommes.

IV. Observer

8. Proposer des problèmes similaires

- Varier les prix des articles afin que les opérations d'addition soient de plus en plus complexes, mais en limitant le nombre d'articles achetés afin que les nombres utilisés restent petits.
- Organiser d'autres coins « marchand » : par exemple herboristerie et vendre les herbes (si cela n'a pas été fait en Moyenne section), vendre les gâteaux pour la fête de Noël ou du carnaval et faire les calculs.

9. Observer avec bienveillance les démarches de l'élève

Observer la progression dans les attitudes de jeu de l'enfant, dans les comptages réalisés ainsi que dans la progression pour l'appropriation du cardinal.

Ranger le couloir

Domaine L'espace

Matériel
- Une photo de chaque enfant, prises dans la classe la première semaine de la rentrée ou bien demandée aux familles, collée sur un support de carton de couleur
- Pâte à coller sur les murs
- Petits sacs pour les chaussons nécessaires aux activités physiques

Nombre d'élèves
Toute la classe.

I. Préparer la séquence

1. Poser le problème

Dès la deuxième ou troisième semaine après la rentrée, il s'agit d'organiser l'accueil dans le couloir et surtout l'implication des enfants dans l'organisation de cet accueil.
Un certain nombre d'actions sont accomplies par les parents mais l'enfant doit ensuite les prendre en charge seul à d'autres moments de la journée :
- se déshabiller et accrocher son manteau au bon porte-manteau, enfiler ses chaussons ;
- reconnaitre son porte-manteau, se chausser à nouveau au retour des activités physiques ;
- reconnaître son porte-manteau avant de sortir en récréation et s'habiller.

Or souvent les enfants possèdent les mêmes chaussures, les mêmes manteaux, ont du mal à décrypter les photos en début d'année, se repèrent mal dans le couloir, confondent les photos (ils ne savent pas les décrypter).

2. Définir les objectifs

- Comprendre l'organisation du couloir.
- Savoir utiliser seul le couloir.
- Devenir autonome.
- Reconnaître l'espace du couloir.
- Reconnaître sa propre photo.
- Situer sa photo par rapport à celle d'un camarade ou de deux camarades.

3. Définir les compétences à atteindre

- Reconnaître l'espace du couloir.
- Classer des objets en fonction de leurs caractéristiques.
- Observer des objets fixes par rapport à d'autres objets fixes : entre, à côté…
- Réaliser des actions en lien avec des objets fixes : entre, à côté…

II. Agir pendant les séances

4. Définir le scénario de la séance

Pendant que les enfants sont dans la salle de jeux en activités physiques, l'ATSEM déplace les photos des enfants et les petits sacs pendus en dessous de la photo (le petit sac de chacun reste accroché en dessous de la photo de l'enfant). Il (elle) fait également, sur l'impulsion de l'enseignant(e), un grand tas de chaussures (attachées par paires par les lacets ou par les scratchs). Plus rien ne correspond à rien ! C'est la panique dans le couloir.

Première séance
Retrouver ses chaussures
- Constater que les chaussures ne sont plus sous les photos.
- Chercher comment retrouver ses propres chaussures au sein du tas.
- Évoquer le fait que quelques paires de baskets sont identiques.
- Proposer des solutions :
  - rechercher sa paire de chaussures ;
  - commencer par trier les chaussures qui sont similaires ou identiques ;
  - classer les chaussures.
- Choisir la meilleure solution : le classement.
- Décrire les chaussures que l'on porte.
- Dire dans quel tas du classement elles se trouvent.
- Les comparer en fonction de la taille de son pied.
- Les mettre.

Deuxième séance
Retrouver son petit sac pour ranger ses chaussons
- Constater qu'elle n'est plus accrochée au même endroit dans le couloir.
- Constater que les autres photos des autres enfants ne sont plus accrochées au même endroit.
- Chercher individuellement sa propre photo.
- La reconnaître. Mettre ses chaussons dans le petit sac pendu en dessous.

Troisième séance
Expliquer où se trouve sa photo
- Regarder la photo à droite ; dire où on se situe : « *je suis à côté de Medhi.* »
- Regarder la photo à gauche ; même chose : « *je suis à côté de Pauline.* »
- Faire la synthèse : « *Ma photo est entre celle de Medhi et celle de Pauline.* »
- Demander quel est le mur sur lequel est accrochée la photo : celui où il y a la porte ? Où il y a la fenêtre ? Où il y a la grande plante ?
- Questionner : « *Te souviens-tu où était ta photo avant ?* »
- L'enfant peut montrer l'autre côté du couloir, donner une autre position.

5. Définir l'accompagnement de l'enseignant

Consignes	Accompagnement
Donner la consigne de la première séance	« *Retrouvez vos chaussures.* » Faire remarquer la grosseur du tas de chaussures. Proposer des situations problèmes à résoudre. Inciter les enfants à choisir une solution à la situation problème. Interroger les enfants et leur demander des descriptions des chaussures.
Donner la consigne de la deuxième séance	« *Retrouvez votre photo.* » Décrire l'endroit où la photo aurait dû se trouver : « *entre les photos de Sonia et d'Abel* ». Inciter l'enfant à se déplacer dans le couloir. Le rassurer quand il est inquiet de ne pas trouver. Le rapprocher de l'endroit où est sa photo en lui disant : « *Tu te rapproches, regardes, tu vois la photo de Paul, ta photo est tout près.* »
Poser des questions ouvertes	« *Où sont tes chaussures ?* » « *Comment sont-elles ?* » « *Peux-tu les décrire ?* » « *De quelle couleur sont-elles ?* » « *Qui a des chaussures identiques à cette paire-là ?* » « *Comment met-on ensemble les chaussures ?* »
Donner la consigne de la troisième séance	« *Dites où est votre photo.* » Décrire les photos : la sienne, celle de droite, celle de gauche. Savoir dire que sa photo est entre deux photos particulières. Les décrire. Mémoriser où est sa photo dans le couloir : prendre des repères.

III. Faire réussir les enfants

6. Définir les différentes stratégies de la réussite de l'enfant

- Avoir mémorisé des indices pour reconnaître ses chaussures.
- Savoir organiser des réponses à la recherche d'un problème au sein d'un groupe.
- Prendre des indices sur des photos.
- Se déplacer dans un espace sans appréhension.
- Prendre des repères dans cet espace.

7. Définir l'étayage par le geste, l'oral, l'écrit éventuellement

	Étayage
Le geste	• Montrer une paire de chaussures. • La comparer à sa propre paire par mémorisation. • Montrer l'ancienne place de la photo. • Montrer la direction éventuelle de l'endroit où la photo est accrochée maintenant.
L'oral	• Faire dire où est la photo. • Faire décrire la photo : couleur, lieu, temps… • Faire dire quelles sont les photos qui sont à côté. • Faire dire où est la photo dans le couloir.

IV. Observer

8. Proposer des problèmes similaires

- Ranger les casiers de rangement de la même façon : échanger les photos.
- Ranger le coin garage : mettre les voitures bleues au premier étage, les rouges au second, les camions au rez-de-chaussée…
- Ranger le coin dinette.

9. Observer avec bienveillance les démarches de l'élève

- Observer le comportement des enfants.
- Distinguer les enfants qui aident les autres.
- Observer quel est l'enfant qui dit facilement où est sa photo.

Fiche séquence

Moyenne section

Planter un jardin

Domaine Explorer le monde

Matériel

- Pour novembre : paquets de bulbes sur lesquels figure une illustration
- Pour décembre : paquets de bulbes restant du mois précédent et « oubliés » par l'enseignant dans un endroit sombre
- Plantoirs, pots en terre, jardinières, pots à réserve d'eau, terre

NB : l'enseignant prend des photos à chaque phase

Nombre d'élèves

La classe est divisée en petits groupes au moment des séances.

I. Préparer la séquence

1. Poser le problème

L'école maternelle vise à la construction de repères temporels et en même temps l'enseignant conduit les enfants à observer les différentes manifestations de la vie végétale. Ils découvrent le cycle que constitue la naissance, la croissance, la reproduction, le vieillissement, la mort en assurant les soins aux plantations de la classe.

2. Définir les objectifs

- Reconnaître les différents bulbes et les identifier.
- Identifier leurs besoins.
- Préciser le lexique.

3. Définir les compétences à atteindre

- Reconnaître les manifestations de la vie végétale, les relier à de grandes fonctions : croissance, nutrition, reproduction.
- Retrouver l'ordre des étapes du développement d'un végétal.
- Dicter individuellement un texte à un adulte.

II. Agir pendant les séances

4. Définir le scénario de la séance

Les séances vont se dérouler entre novembre et janvier, les plantations se feront à l'extérieur mais aussi à l'intérieur, ce qui permettra de comparer les différentes conditions.

Première séance : Novembre / découverte des bulbes

- Jouer l'effet de surprise : sortir de son panier des sachets de bulbes de fleurs différentes (narcisses, perce-neige, jacinthes, tulipes, jonquilles).
- Faire observer les illustrations des paquets : les couleurs, les formes, les noms.
- Les catégoriser.
- Les comparer.
- Ouvrir les paquets (ou filets).
- Décrire leur contenant.
- Décrire les bulbes : couleur, forme, taille, caractéristique.
- Les comparer.
- S'interroger : « Que va t-on faire de ces bulbes ? ».

Deuxième séance : Novembre / Plantation

- Se pose le problème : Où les planter ? et Comment les planter ?
- Résoudre le problème : échanger, réfléchir, poser des questions, expliquer.

Emmener les enfants dans le jardin

- Leur fournir le matériel.
- Les laisser manipuler.
- Procéder aux plantations.
- Faire des trous grâce au plantoir.
- Enfoncer le bulbe dans le trou.
- Recouvrir de terre.
- Étiqueter l'endroit grâce à l'image du paquet.

Planter dans la classe car un enfant a dit que « les bulbes vont avoir froid dehors ».

- Énumérer le matériel utile, le rassembler, le décrire.
- Planter les bulbes dans des jardinières par petits groupes.
- Proposer d'en laisser sur des coupelles ; les remplir d'eau.
- Étiqueter chaque bulbe grâce aux images et aux noms inscrits sur le paquet (recopier sur le traitement de texte).
- Dicter à l'enseignant les conditions de plantation.

Troisième séance : Décembre

- Décrire les bulbes oubliés dans le tiroir par l'enseignant.
- Constater la présence de petites pousses blanches.
- Comparer avec les bulbes qui poussent sur les coupelles pleines d'eau.
- Déterrer un bulbe témoin planté dans le jardin et un bulbe témoin planté dans la classe.
- Les décrire et les comparer.
- Revoir les conditions de plantation de chacun des 4 bulbes.
- S'interroger sur ce que l'on doit faire.
- Prendre la décision : les planter ou les mettre sur les coupelles pleines d'eau.

Quatrième séance : Janvier

- Rentrée des vacances de Noël :
  - découvrir quelques jacinthes plantées en terre en fleur et des fleurs fanées restées sur les coupelles d'eau ;
  - observer les bulbes plantés en terre dans le jardin ;
  - faire un tableau récapitulatif de toutes les conditions des plantations réalisées.

5. Définir l'accompagnement de l'enseignant

	Accompagnement
Donner la première consigne	*« Que constatez-vous ? »*
Donner une seconde consigne	*« Où allez-vous planter les bulbes ? »* et *« Pourquoi allez-vous les planter ? »* Commenter l'activité qui se déroule.
Poser des questions ouvertes	*« Où va t-on planter ces bulbes ? »* *« À quelle profondeur ? »* *« Comment allez-vous les planter ? en désordre ? en les rangeant ? »* *« De quoi a-t-on besoin pour planter les bulbes dans la classe ? »* *« Où range-t-on les pots ? »* *« Quand arrose-t-on les plantations ? »*
Donner la troisième consigne	*« Que constatez-vous ? »* *« Qu'est-ce que c'est que ces petites pousses blanches ? »* *« A quoi ça peut servir ? »* *« Où avez-vous vu d'autres petites pousses blanches ? »* *« Avez-vous des pousses blanches sur les autres bulbes ? »*
Donner la quatrième consigne	*« Faites un tableau récapitulatif de toutes les conditions des plantations réalisées : comment peut-on le faire ? »* *« Où se trouvent les bulbes ? À l'extérieur ? À l'intérieur ? »* *« Que voit-on quand les bulbes se transforment ? »* *« Qu'avez-vous fait avec ces bulbes ? »* *« Pouvez-vous raconter ce qui s'est passé depuis le début ? »* *« Peut-on comparer l'histoire de tous ces bulbes ? »*

III. Faire réussir les enfants

6. Définir les différentes stratégies de la réussite de l'enfant

- Proposer des éléments de réponse.
- Mettre en œuvre des stratégies de réponse.
- Savoir observer des résultats.
- Savoir comprendre ces résultats.

7. Définir l'étayage par le geste, l'oral, l'écrit éventuellement

	Étayage
Le geste	• Leur donner les sacs de bulbes. • Les aider à les ouvrir en leur tendant une paire de ciseaux éventuellement (les filets sont résistants). • Avoir préparé des gros seaux de terre, plus faciles pour que les enfants puissent la prendre et la verser dans les pots et les jardinières. • Leur montrer le geste du plantoir s'ils ne l'ont pas déjà découvert en PS.
L'oral	• Privilégier chaque parole de chaque enfant. • La reformuler. • La faire reformuler. • Apporter le lexique précis : radicelle, bulbe, racine, germer, planter, pousser, tige. • Organiser un échange collectif. • Organiser le tour de parole. • Faire rester dans le propos de l'échange. • Faire réfléchir sur le problème.
L'écrit	• Dessiner à chaque étape. • Étiqueter les pots. • Dicter à l'enseignant les conditions de plantation • Relire les conditions de plantation avec l'enseignant. • Utiliser le dessin comme moyen d'expression et de représentation.

IV. Observer

8. Proposer des problèmes similaires

- Planter à d'autres moments de l'année : des graines de tournesol, des lentilles, des œillets d'inde (mettre des intrus : petits cailloux, coquillettes), identifier chaque plantation.
- Planter des pommes de terre germées.
- Réaliser des collections de graines de végétaux et essayer de les faire pousser.

9. Observer avec bienveillance les démarches de l'élève

- Reconnaître les différents bulbes et les identifier.
- Identifier leurs besoins.
- Préciser le lexique.

Fabriquer une maquette

Domaine Explorer le monde

Matériel

- Support (planche ou grand carton fort), si possible en plusieurs exemplaire pour permettre à plusieurs groupes de travailler en parallèle
- Choix d'objets de formes ou de couleurs, de tailles différentes pouvant correspondre aux éléments choisis de représenter
- Bandes de papier à dessin pour illustrer le trottoir sur lequel nous avons marché
- Colle
- Peintures
- Personnages (figurines, Playmobils)

Nombre d'élèves

Petits groupes de 6 enfants.

I. Préparer la séquence

1. Poser le problème

Après une sortie dans le quartier proche (l'îlot), il est décidé de construire une maquette de cet îlot.
Définition de l'îlot : *espace de quartier que l'on peut délimiter sans descendre du trottoir.*

2. Définir les objectifs

- Faire représenter par des objets « quelconques » un espace réel.
- Passer de l'espace vécu à l'espace perçu.
- Symboliser.
- Coopérer entre pairs.
- Organiser les objets entre eux pour représenter la réalité.
- Donner une signification aux objets.
- Placer correctement les objets par rapport à leur position mutuelle.

3. Définir les compétences à atteindre

- Se repérer dans l'espace.
- Se déplacer dans l'espace.
- Décrire un parcours.
- Représenter un parcours simple.
- Se situer dans l'espace.
- Situer les objets par rapport à soi.

II. Agir pendant les séances

4. Définir le scénario de la séance

Première séance
Visite de l'îlot
À partir de la sortie de l'école :
- observer les éléments caractéristiques rencontrés : l'école maternelle, l'immeuble de Camille, très haut, la vieille maison, le feu rouge qui permet aux voitures de s'arrêter sur l'avenue, la « grande » école sur l'autre trottoir quand on tourne, le terrain de sport sur notre trottoir, sur le trottoir de gauche le très grand immeuble ;
- prendre conscience que nous tournons à gauche après « la vieille maison » ;
- faire des photos chaque fois 'angle de vue change ;
- faire alterner les photos prises par l'enseignant et les photos prises par les enfants.

Deuxième séance
Se remémorer la visite
- Faire le récit de la sortie.
- Remarquer qu'on n'a pas quitté le trottoir et donc qu'il va falloir le représenter
- Justifier les correctifs.
- Argumenter : « Nous avons tourné… »
- Mettre en forme la chronologie de la sortie et des différents points rencontrés à l'oral.
- Mettre en ordre chronologique les photos prises pendant la sortie.
- Discuter cette mise en ordre.
- Évoquer la manière dont on peut les représenter sur une maquette.
- Décliner chaque élément à représenter.

Troisième séance
Construire la maquette
- Déterminer l'espace à construire.
- Déterminer les éléments que l'on veut placer sur la maquette.
- Se référer aux photos prises et qui sont affichées.
- Faire un travail en amont sur la correspondance des objets utilisés et le réel.
- Dire de nouveau l'ordre chronologique du parcours.
- Donner un point de repère sur la maquette et le poser : le point de départ de l'école, donc le bâtiment de l'école.
- Faire des essais et les prendre en photo.
- Les comparer.
- Discuter et argumenter.
- Comparer avec la chronologie de la sortie faite en photos.
- Poser définitivement les différents éléments choisis sur le support.
- Les coller.
- Éventuellement les peindre.
- Animer la maquette avec les figurines.

5. Définir l'accompagnement de l'enseignant

	Accompagnement
Donner la consigne de la première séance	*« Nous allons sortir nous promener dans le quartier tout autour de l'école. Regardez bien tout ce que nous allons voir. »*
Donner la consigne de la deuxième séance	*« Racontez la sortie dans le quartier. »*
Poser des questions ouvertes	**Pendant la promenade :** *« D'où partons-nous ? »* *« Savez-vous où nous allons ? »* *« Quel est le bâtiment que nous longeons ? »* *« Qui habite dans cet immeuble ? »* *« Avons-nous quitté le trottoir pour le moment ? »* *« Quel est le bâtiment qui est à côté de celui de Camille ? »* *« Est-il semblable ? »* *« Comment peut-on l'appeler ? »* *« Qu'est-ce qu'il y a au coin du trottoir ? »* *« À quoi sert cette chose ? »* *« Qu'est-ce qu'on longe maintenant ? »* *« Que voit-on ? »* *« Quand on tourne de nouveau le long du terrain de sport, que voit-on à gauche ? »* *« Qui habite dans cet immeuble ? »* *« Que rencontre-t-on après sur la droite ? »* *« Est-on descendu du trottoir ? »* *« Que traverse-t-on ? »* *« Où arrive t-on ? »*
Donner la consigne de la troisième séance	*« Placez sur le support les objets qui représentent ce que vous avez rencontré pendant la sortie dans le quartier autour de l'école. »*

III. Faire réussir les enfants

6. Définir les différentes stratégies de la réussite de l'enfant

- Donner une signification aux objets.
- Prendre les objets les uns après les autres dans l'ordre chronologique de leur « rencontre ».
- Placer correctement les objets par rapport à leur position initiale mutuelle.

7. Définir l'étayage par le geste, l'oral, l'écrit éventuellement

	Étayage
Le geste	• Déplacer un élément pour susciter un questionnement.
L'oral	• Questionner. • Utiliser un vocabulaire précis : à droite de, à gauche de, le long de, longer, passer entre, traverser, revenir au point de départ, à côté, grand, petit.
L'écrit	• Détailler par dictée à l'adulte les différentes phases de construction de la maquette.

IV. Observer

8. Proposer des problèmes similaires

- Représenter la classe.
- Construire la maquette de la cour avec les jeux de cour.
- Construire la maquette du parcours d'activités physiques.
- Construire la maquette d'objets à partir de leurs fiches techniques.

9. Observer avec bienveillance les démarches de l'élève

- Être attentif pendant la sortie.
- Poser des questions pertinentes.
- Faire des remarques pertinentes.
- Participer au récit de la sortie (l'avoir mémorisé).
- Utiliser les temps du passé et le vocabulaire de temps (après, ensuite, puis, avant…).
- Savoir choisir des objets qui peuvent représenter un espace sur une maquette.
- Représenter l'espace vécu par des objets.

Travailler autour du pain

Domaine Multi domaines

I. Objectifs

- Découvrir les différentes formes que peut prendre le pain.
- Découvrir quels sont les ingrédients du pain.
- Fabriquer des pains de différentes natures.
- Laisser des traces dans un cahier d'expérimentation : la fabrication du pain.

II. Compétences

Mobiliser le langage dans toutes ses dimensions – L'oral	• Comprendre une consigne orale. • Respecter les règles de la classe : attendre son tour de parole, écouter ses camarades. • Participer à un échange collectif, en restant dans le propos de l'échange. • Expliquer ce qu'on ressent. • Utiliser le lexique spécifique. • S'appuyer sur la succession des illustrations.
Mobiliser le langage dans toutes ses dimensions – L'écrit	• Participer à une dictée à l'adulte. • Transformer les « jets » successifs.
Agir, s'exprimer, comprendre à travers les productions artistiques	• Observer et caractériser des affiches. • Produire une affiche sur le pain.
Construire les premiers outils pour structurer sa pensée	• Reconnaître, classer, et nommer des formes simples. • Compter jusqu'à 3.
Explorer le monde	• Associer à des perceptions déterminées les organes des sens qui correspondent.

III. Contenu

Tout le monde mange du pain, au restaurant scolaire, à la maison, mais qui le connaît vraiment ? Il s'agit d'un aliment très proche des enfants. Il est également vecteur de rapprochement culturel, car le pain existe dans les pays voisins, mais sous des formes quelque peu différentes. Les parents qui font une autre cuisine peuvent donc être inviter à venir le fabriquer dans la classe.

IV. Démarche des enseignants

- Découper le projet en plusieurs séances dans le temps.
- Fournir des documents photos, une vidéo, des affiches sur des aliments.
- Apporter différents pains, pris à différents moments : le matin, encore chaud, à midi, dans l'après midi, un peu plus cassant (le faire rassir).
- Préparer des visites chez un boulanger.
- Trouver les questions ouvertes qui permettent le lancement du projet.
- Se mettre en rapport avec des parents issus d'une autre culture, qui accepteraient de venir fabriquer du pain dans la classe.

Organiser les activités quotidiennes autour du projet

- Poser le problème du jour.
- Répartir les enfants suivant leur appétence.
- Noter la compétence en voie d'acquisition lors de la tâche à accomplir.
- Les observer avec bienveillance mais acuité.
- Se réserver un atelier dans lequel le soutien langagier est indispensable.
- Accompagner le développement langagier de chacun des enfants.
- Organiser « la réponse au problème » de manière à ce qu'il y ait des ateliers autonomes avec consignes précises dont le compte-rendu sera obligatoire à l'ensemble de la classe.

V. Stratégie des enfants

1. Élaborer le projet à l'oral

- Travailler sur le lexique : baguette, miche, pain, long, carré, petit, noix , raisin, dur, mou , boulangerie, boulanger, boulangère.
- Réinvestir le vocabulaire de la recette.
- Décrire les ingrédients, les sensations éprouvées
- Travailler sur la fiche de la recette.
- Remettre en ordre les différentes étapes de la recette.
- S'appuyer sur la succession d'images.
- Rappeler un événement vécu collectivement.

2. Élaborer le projet à l'écrit

- Participer à un échange collectif à l'intérieur d'un petit groupe à propos de la recette.
- Inviter d'autres classes, d'autres adultes à venir goûter le pain dans la classe.
- Classer des écrits : recettes ou non.
- Comparer une recette apportée par un parent d'une autre culture et celle de la classe.

3. Observer, comprendre et transformer des images

- Observer plusieurs affiches sur des aliments mis en scène.
- Réaliser une affiche sur les différentes formes de pains.
- Utiliser l'écrit.
- Utiliser des photos prises lors d'une visite à la boulangerie. (Voir ci-dessous 5. Explorer le monde)
- Utiliser des photos prises lors de la fabrication du pain.

4. Élaborer les premiers outils pour structurer sa pensée

- Reconnaître les chiffres de la succession des phases de la recette.

5. Explorer le monde

Recherche sensorielle

- Visiter une boulangerie, sentir les odeurs qui se dégagent. Observer les gestes du boulanger, sa tenue, son matériel.
- Travailler sur le goût : sucré, salé
- Goûter du pain avec du fromage, de la confiture, du chocolat, du beurre...
- Décrire, comparer et classer les perceptions alimentaires gustatives.
- Goûter les ingrédients de la recette.

Exploration de la matière

- Faire du pain en suivant une recette simple : farine + sel + levure + eau.
- Goûter les ingrédients : farine, levure (piquant).
- Toucher les ingrédients.
- Pétrir, mélanger, laisser reposer, pétrir à nouveau, mettre en forme le pain, laisser le pain, faire cuire.
- En petits groupes, réaliser des recettes différentes : rajouter des raisins, du cumin, des noix. Comparer le goût des pains.

Utiliser des objets

- Utiliser un saladier, verre doseur, torchon pour recouvrir la pâte lors du repos.

- Faire des photos lors de la visite de la boulangerie.
- Les exploiter.

NB. : L'enseignant prendra soin de ne pas fabriquer du pain avec les enfants qui sont allergiques, particulièrement au gluten.
Les activités de cuisine restent réglementées si la classe comporte trop d'enfants allergiques. Le goûter, de la même façon, est réglementé. Voir http://eduscol.education.fr/education-alimentation

Installer une herboristerie

Domaine Multi domaines

Partant des nombreuses odeurs des plantes du jardin de l'école (thym, romarin, lavande, tilleul, verveine,...) proposer aux enfants d'installer une herboristerie dans la classe.

I. Objectifs

- Éduquer les sens.
- Penser à l'hygiène et à la santé par les plantes.
- Observer les cycles des végétaux dans le jardin de l'école.
- S'initier aux changements d'état de la matière.
- Apprendre à sélectionner les plantes.
- Apprendre à mesurer et peser.
- Installer un jardin de plantes aromatiques.

II. Compétences

Mobiliser le langage dans toutes ses dimensions – L'oral	• Communiquer avec les adultes et avec les autres enfants par le langage. • S'exprimer dans un langage précis. • Décrire, expliquer, proposer des solutions.
Mobiliser le langage dans toutes ses dimensions – L'écrit	• Manifester de la curiosité par rapport à l'écrit qui parle du projet. • Dicter à l'enseignant.
Agir, s'exprimer, comprendre à travers les activités artistiques	• Pratiquer les dessins qui illustrent le projet. • Reproduire des graphismes. • En inventer d'autres.
Construire les premiers outils pour structurer sa pensée	• Comparer des collections. • Comparer des masses. • Comparer des quantités. • Les ranger par ordre de taille.
Explorer le monde	• Le temps : prendre conscience du temps qui passe. • Les aptitudes sensorielles : les catégoriser. • Jouer avec les matières. • Utiliser des objets pour plier, coller. • Utiliser les plantes pour une vie saine.

III. Démarche des enseignants

- Découper le projet en plusieurs séances dans le temps.
- Apporter des documents photos, une vidéo.
- Apporter des petits sacs, des savons, des huiles venant d'une herboristerie.
- Préparer des visites.
- Trouver les questions ouvertes qui permettent le lancement du projet.
- Relancer : le côté « marchand » avec le prix des produits.

Organiser les activités quotidiennes autour du projet

- Poser le problème du jour.
- Répartir les enfants suivant leur appétence.
- Noter la compétence en voie d'acquisition lors de la tâche à accomplir.
- Les observer avec bienveillance mais acuité.
- Se réserver un atelier dans lequel le soutien langagier est indispensable.
- Accompagner le développement langagier de chacun des enfants.
- Organiser « la réponse au problème » de manière à ce qu'il y ait des ateliers autonomes avec consignes précises dont le compte-rendu sera obligatoire à l'ensemble de la classe.

IV. Stratégie des enfants

1. Élaborer le projet à l'oral

- Chercher le lexique autour « d'herbe ».
- Chercher où l'on trouvera des herbes.
- Se renseigner sur les « herbes qui soignent ».
- Apprendre à sélectionner.
- Demander des recettes.
- Préparer des visites de boutiques.
- Se demander comment vendre et communiquer avec le client.
- Choisir comment installer les produits, comment choisir les prix, comment décorer la « boutique ».
- Discuter autour du rendu de monnaie.

2. Élaborer le projet à l'écrit

- Chercher des noms pour la boutique et les dicter à l'enseignant.
- Les écrire sur l'ordinateur , puis soi-même.
- Établir des listes de matériaux et de matériel et le dicter à l'enseignant.
- Demander des recettes de pots-pourris.
- Déchiffrer des recettes de savonnettes.
- Écrire la recette de la tisane.
- Préparer les étiquettes et les prix
- Fabriquer des affiches de publicité pour les mettre dans l'école.
- Préparer des fichiers d'herbier.

3. Activités graphiques

- Rechercher de décors d'enseignes.
- Rechercher des graphismes variés sur les emballages.
- Écrire le nom de l'enseigne.
- Écrire les noms de plantes sur les étiquettes, dans le cahier de vente.
- Écrire les étiquettes de prix.

4. Élaborer les premiers outils de structuration de la pensée

- Mesurer et peser les plantes récoltées.
- Compter les savonnettes, les sachets.
- Décorer avec un algorithme les papiers de décoration des étagères et les papiers d'emballage.
- Calculer le prix de « vente » des produits.
- Encaisser et rendre la monnaie sur des petites sommes (comparer des quantités, faire des correspondances terme à terme).

5. Activités artistiques

- Installer les objets d'une manière originale.
- Décorer l'enseigne de la boutique (après avoir comparé plusieurs enseignes de magasins dans la ville et dans des documents papier et sur internet).
- Décorer la boutique : les étagères, les affiches.
- Décorer les pots, les emballages divers.

6. Explorer le monde

Découvrir la transformation des herbes au fil du temps

- Prendre des photos au fil du temps des herbes qui sèchent.
- Les ranger par ordre chronologique.
- Prendre des photos de l'évolution du projet.
- Ranger les photos à la fin du projet pour faire un carnet du projet.

Découvrir différents milieux

- Visiter son quartier, son village.
- Se rendre compte des activités commerçantes en lien avec le projet.
- Catégoriser les boutiques.
- Identifier les enseignes et leur fonction.
- Les photographier.
- En faire un catalogue.

Recherche sensorielle

- Différencier les plantes par la vue, puis par l'odeur.
- Éduquer le goût : fabriquer des tisanes (amer, sucré...).
- Éduquer le toucher : jouer avec les savonnettes (lisse, glissant, tiède, solide, pâteux, fluide, mousseux...).

Exploration de la matière

- Effeuiller et découper des feuilles de tilleul, de verveine pour la tisane.
- Égrener une lavande.
- Pétrir et mouler du savon.
- Piler de l'encens dans un mortier.

Utiliser des objets

- Mesurer et couper les rubans pour emballer.
- Préparer par pliage cornets et sachets.
- Nouer les ficelles autour des emballages.

Construire un mobile

Domaine **Multi domaines**

I. Contenu

Les enfants ont eu la chance de rencontrer et d'observer des mobiles de Calder lors d'une visite à Beaubourg. Ils les ont retrouvés sur des vidéos et entendu Calder lui-même expliquer la recherche de l'équilibre. C'est cette dernière phrase qui a fait naitre le projet : « Recherche de l'équilibre ».
Mais ce projet peut être tout à fait amorçé en visionnant des vidéos : vidéos sur Youtube
(Alexander Calder at Tate Modern, Alexander Calder by Robert Sherman, Alexander Calder : Avant-Garde in Motion K20 *Kunstsammlung Nordrhein-Westfalen*).

II. Objectifs

- Observer les propriétés des objets et des matières.
- Démonter et remonter un objet simple sans le détériorer.
- Intégrer la démarche essai-erreur dans l'apprentissage.
- Rechercher l'équilibre de plusieurs pièces.
- Utiliser des objets techniques simples ainsi que des techniques de fabrication simples.
- Assembler des matériaux pour réaliser un projet de fabrication.
- Regarder et apprécier un artiste au travail (si cela est possible).

III. Compétences

Mobiliser le langage dans toutes ses dimensions – L'oral	• Communiquer avec les autres enfants. • Reformuler pour mieux se faire comprendre. • Raconter ce qu'on a vu au musée. • Expliquer les détails des mobiles. • Questionner les camarades pour savoir s'ils ont vu ou compris des éléments complémentaires. • Discuter les points de vue de chacun.
Mobiliser le langage dans toutes ses dimensions – L'écrit	• Consulter des documents sur Calder. • Savoir retrouver les bonnes pages d'un ouvrage.
Agir, s'exprimer, comprendre à travers les activités artistiques	• Réaliser une composition plastique entièrement nouvelle en combinant des matériaux. • Savoir choisir les différents outils, médiums et matières en fonction de son projet personnel. • Créer des graphismes nouveaux.
Construire les premiers outils pour structurer sa pensée	• Classer ou ranger des objets selon un critère de longueur ou de masse.
Explorer le monde	• Ordonner une suite de photographies afin de rendre compte de la visite du musée. • Choisir, utiliser les outils et les matériaux nécessaires à la fabrication des mobiles et à leur équilibre. • Chercher sur Internet des documents sur un artiste/Calder.

IV. Démarche des enseignants

La visite

- Préparer la visite avec précision : se rendre seul(e) au musée et situer les observations importantes à réaliser avec les enfants ; tracer le parcours de la visite.
- Conduire la visite au musée en attirant le regard des enfants sur les choses importantes.
- Poser des questions ouvertes.
- Prendre les photos qui conviennent.
- Rechercher en amont les documents accessibles aux enfants sur Calder, sur la fabrication des mobiles et sur la notion d'équilibre des masses.

En classe

- Évoquer avec toute la classe ce vécu commun : la visite au musée.
- Rappeler les différentes observations des enfants.
- Présenter les photos des mobiles.
- Poser le problème : « *Comment Calder a-t-il trouvé l'équilibre de toutes les figures de ses mobiles ?* » « *Comment a-t-il construit ses mobiles ?* »

Organiser les activités quotidiennes autour du projet

- Soumettre chaque jour aux enfant un nouveau petit problème lié à l'équilibre.
- Répartir les enfants suivant leur appétence.
- Noter la compétence en voie d'acquisition lors de la tâche à accomplir.
- Les observer avec bienveillance mais acuité.
- Se réserver un atelier dans lequel le soutien langagier est indispensable.
- Accompagner le développement langagier de chacun des enfants.

- Organiser « la réponse au problème » de manière à ce qu'il y ait des ateliers autonomes avec consignes précises dont le compte-rendu sera obligatoire à l'ensemble de la classe.

IV. Stratégie des enfants

1. Élaborer le projet à l'oral

- Évoquer la visite au musée.
- Se rappeler précisément les mobiles.
- Les décrire.
- Discuter autour de leur description.
- Comparer les avis.
- Établir une description précise de l'objet.
- Élaborer le projet : « *Comment faire pour fabriquer un mobile ?* »
- Poser des questions d'organisation : « *Où va-t-on fabriquer les mobiles ?* » « *Comment les accrocher au plafond ? N'est-on pas trop petit ?* » « *Que va-t-on suspendre ?* »
- Résoudre tous ces premiers problèmes.

2. Élaborer le projet à l'écrit

- Comparer les descriptions données par mémorisation après la visite au musée et la documentation possédée.
- Visionner les photos, les films réalisés pour voir les mouvements des mobiles.
- Établir la liste du matériel nécessaire au montage de mobiles.
- La dicter à l'enseignant et/ou retrouver les mots (écriture spontanée : « *Moi je sais écrire "mobile" par exemple.* »)
- L'écrire sur l'ordinateur.

3. Activités graphiques

- Faire une recherche de graphisme pertinent.
- Décorer par graphisme les éléments en carton à pendre dans le mobile.

4. Utiliser les premiers outils de structuration de la pensée

- Comparer les masses des objets choisis pour pendre dans le mobile.
- Résoudre le problème de la comparaison : sentir le poids dans ses mains ou peser.
- Choisir la solution de la pesée.
- Travailler avec deux sortes de balance : une balance électronique et une balance de Roberval.
- Apprendre à reconnaître les poids de la balance de Roberval.
- Apprendre à équilibrer les 2 plateaux.
- Comparer les nombres donnés par les poids accumulés et la balance électronique pour la pesée d'un objet (un crayon par exemple).

5. Explorer le monde

Observer les mobiles de Calder

- Comparer différents mobiles sur des documents ou sur des films.
- Déterminer les outils nécessaires : ciseaux, perforeuse, ficelle, cintres de fil de fer...

Chercher les objets qui pourraient construire un mobile

- Rassembler matériel et outils.
- Choisir les objets les plus pertinents pour composer les mobiles : objets légers (découpages de carton décorés ou peints, crayons, feuilles mortes, petites boites, CD-Rom usagés...).
- Installer la classe de manière à ce que chacun ou chaque équipe de deux enfants puisse construire son mobile.
- Choisir de pendre de longues ficelles au plafond et d'accrocher un cintre au bout de chacune de ces longues ficelles.

Réaliser, faire des essais, apprécier le résultat de son travail, admettre l'erreur, recommencer

- Accrocher un objet à une ficelle.
- Le pendre au cintre.
- Se référer aux mobiles de Calder.
- Se rendre compte que tous les objets des mobiles de Calder sont en équilibre.
- Se rendre compte du déséquilibre du cintre.
- Chercher comment le corriger.
- Pendre un autre objet au cintre.
- Voir si le cintre se rééquilibre.
- Déterminer à quelle distance il faut pendre le second objet pour rééquilibrer l'ensemble.
- Se rappeler qu'un mobile n'est pas fait de deux pendules.
- Rajouter une troisième ficelle plus courte ou plus longue (là se pose un autre problème).
- Laisser tâtonner maintes fois.

- Décorer la classe et le couloir avec la totalité des mobiles.

- Se posent également les problèmes de nœuds : très souvent les enfants de Grande Section ne font pas encore de nœuds. L'enseignant aide alors l'enfant à faire les premiers nœuds mais installe un atelier d'apprentissage des nœuds (entourer des boites d'une ficelle et nouer la ficelle, se mettre à deux, faire les lacets de ses nouvelles baskets, attacher deux crayons ensemble...

Faire un journal d'école

Domaine **Mobiliser le langage dans toutes ses dimensions**

« Aborder le texte écrit et le texte à écrire, sans renvoyer à plus tard la rencontre avec des supports et des situations de lecture et d'écriture authentiques, peut aider les enfants à donner un sens à l'école, à l'écrit, à l'apprentissage. »

J. Fijalkow, *Entrer dans l'écrit*, 1990

I. Objectifs

Le journal et l'équipe pédagogique

- Déterminer ensemble des objectifs prioritaires s'inscrivant dans le « projet d'école ».
- Définir des attitudes communes : coopérer, co-éduquer.
- Recenser et choisir les moyens d'actions.
- Réfléchir sur sa pratique et l'adapter.
- Définir des engagements respectifs : « qui fera quoi ? quand ? avec qui ? ».
- Opérer des choix en fonction des objectifs.
- Échanger des suggestions tout au long du déroulement et réadapter le projet si nécessaire.
- Prendre en compte tous les enfants et leurs compétences particulières.

Le journal et les enfants

- Communiquer.
- S'exprimer.
- Développer des compétences de lecteur-écrivain.
- Évoluer dans son attitude de consommateur.
- Relier le monde clos de l'école à celui de l'extérieur.
- Aider à développer l'image de marque de l'école.

Le journal et la famille

- Porter l'information sur la vie de l'école dans les familles.
- Créer un support qui sert de médiateur pour des moments privilégiés entre enfants et parents.
- Faire plaisir aux enfants qui s'approprient leur journal.

II. Compétences

Dans ce projet, la majeure partie des compétences mises en jeu relève du domaine du langage. Les aspects formels du projet seront traités dans l'écrit.

C'est dans la mobilisation des situations décrites dans le journal que nous toucherons à l'ensemble des domaines :

- Agir, s'exprimer, comprendre avec l'activité physique.
- Agir, s'exprimer, comprendre avec les activités artistiques.
- Construire les premiers outils pour structurer sa pensée.
- Explorer le monde.

Petite section	Moyenne section	Grande section
• Manifester le désir de parler dans des situations quotidiennes. • Mémoriser un répertoire de comptines et de petites poésies. • Évoquer des moments vécus en classe avec un support visuel (photos) et avec l'aide de l'enseignant. • Être attentif aux lectures faites par l'enseignant. • Savoir identifier le type de textes : poèmes, récits, documentaires, textes dialogués.	• Décrire, questionner, expliquer en situation de jeu dans les activités des divers domaines. • Nommer des actions, des objets à partir d'une fiche technique, d'une recette. • Mémoriser un répertoire de comptines et de petites poésies. • Dicter à l'adulte différents types de textes, en individuel (recettes, compte-rendu, invitation…). • Dans le cadre du projet d'écriture, utiliser la mise en page adaptée. • Produire un mot avec les lettres connues. • Copier un mot • Puis chercher comment on peut l'écrire.	• Ajuster son propos pour se faire comprendre en fonction des questions ou des remarques. • Dire, décrire, expliquer après avoir terminé une activité ou un jeu (hors contexte de réalisation). • Prendre en compte ce qui vient d'être dit pour faire évoluer l'échange : intervenir, questionner, argumenter. • Prendre l'initiative d'un échange et le conduire au-delà de la première réponse. • Être attentif aux lectures faites par l'enseignant. • Savoir identifier le type de textes : poèmes, récits, documentaires, textes dialogués. • Participer à une conversation en restant dans le sujet de l'échange. • Dire, décrire, expliquer après avoir terminé une activité ou un jeu (hors contexte de réalisation). • Dicter à l'adulte différents types de textes. Leur donner du sens. • Utiliser des outils linguistiques adaptés aux différents types d'écrits. • Réinvestir les connaissances acquises dans la manière d'écrire un mot qui n'est pas présent devant eux. • Écrire seul un mot simple, en écriture alphabétique si cela est nécessaire, en se référant au répertoire de mots de la classe.

III. Contenu

Les affichages à disposition des parents

- La presse à l'école : exploitation de la presse enfantine et adulte.
- Le journal et les enfants : découverte et appropriation, élaboration, mise en œuvre de la fabrication, de la composition et de la mise en pages.

Les journaux fabriqués

- De l'action à la page finie : que met-on dans un journal ? (Par exemple : la visite d'un musée, la création d'un coin jeux, l'élaboration d'une charade, la participation à un rallye, la résolution d'une expérience scientifique ou d'un problème mathématique…).
- Les techniques employées : l'ordinateur, la tablette, le tableau blanc, les photos numériques, le Lego Nathan, les lettres collées…

IV. Démarche des enseignants

Étudier la presse

Pourquoi faire un journal ? À quoi sert un journal ?

- Informer sur la vie de l'école.
- Faire un pont entre les parents et toutes les classes.
- Communiquer entre les classes.
- Savoir ce que l'on va faire plus tard.
- Se rappeler de ce que l'on a fait avant.

Comment est fait un journal ?

- Observer différentes formes d'expressions écrites autres que celle des livres (albums et documentaires confondus) : la presse (journaux, magazines, quotidiens, hebdomadaires, mensuels, catalogues, imprimés…).
- Les différencier suivant le message donné.
- Les différencier selon l'aspect de l'impression, la présence ou non de photos, la présence et la nature des croquis, des dessins…
- Les classer.

Que mettre dans le journal ?

- La vie de chaque classe.
- Les comptines et les chansons.
- Les découvertes.
- Les sorties.
- Les rencontres.
- Les visites.
- Les albums lus et leurs commentaires.
- Les souhaits.
- Les souvenirs…

Comment faire un journal ?

- Comprendre le rôle du rédacteur en chef.
- Comprendre comment on devient journaliste.
- Choisir ce que l'on souhaite dire.
- Choisir les moyens techniques les mieux adaptés à chaque classe.
- Décider d'une classe « technicienne de fabrication » et d'une autre « éditeur ».

V. Stratégie des enfants

Petite section	Moyenne section	Grande section
• Feuilleter la presse et observer les couleurs, les caractères. • Trier images et écrits. • Faire des visites de librairies ou de points de vente de presse. • Voir que l'on peut écrire et communiquer à beaucoup de monde par le biais de la presse. • Donner ses comptines, ses recettes, ses jeux. • Les dicter à l'enseignant pour les transmettre dans le journal. • Faire des photos de ce que l'on veut montrer : productions artistiques… • Élaborer un commentaire les accompagnant et le dicter à l'adulte. • Donner des informations de la vie de la classe : un emploi du temps (par ex.).	• Observer et feuilleter la presse régionale. • Trouver des traces de la vie extérieure vécue : le club de judo, le Noël de la mairie, l'ouverture de la piscine… • Privilégier « l'édition » d'une partie du journal : la page « jeux », ou « comptines », ou « sports », ou « recettes », voire plusieurs si on a le temps. • Reprendre les envois des classes, les lire, les trier, les classer. • Donner des informations de la vie de la classe, autres que précédemment : une découverte scientifique, par exemple la balance de Roberval ou bien « Les phénomènes de l'air et du souffle ».	• Faire le compte rendu de la correspondance scolaire de la classe. • Reprendre les comptes rendus des autres sections, les lire, les trier, les classer. • Les saisir sur l'ordinateur. • Insérer des photos et des dessins. • Décider de la périodicité de parution. • Décider chaque fois du sommaire en fonction des arrivages de propositions de publication de chaque classe. • Donner des informations sur la vie de la classe, autres que précédemment : une rencontre particulière avec un artiste par exemple.

Dans chaque classe : travailler pour trouver un titre au journal. Puis se retrouver (des représentants de chaque classe) pour décider quel va être le titre du journal.

Dès que le journal est finalisé et le premier tirage effectué, le proposer à l'ensemble du personnel de l'école : les animateurs, le personnel de la ville. Sans oublier les parents ! Faire une critique constructive du premier numéro : quelles améliorations techniques et quels contenus indispensables apporter ? Se remettre au travail pour le second numéro.

Emploi du temps : une semaine en petite section
Première partie de l'année (septembre à janvier)

Horaires	Lundi	Mardi	Mercredi	Jeudi	Vendredi
8 h 20 / 9 h 00	**Accueil** Dans la classe et dans le dortoir avec des jeux roulants (vélos, poussettes, traineaux, brouettes…) Collation				
9 h 00 / 9 h 15	**Rassemblement** Comptines / Consignes pour la prochaine activité et le déplacement				
9 h 15 / 9 h 50	**Activités physiques** Agir dans l'espace, dans la durée	**Activités physiques** Communiquer avec les autres au travers d'actions à visée expressive ou artistique	**Arts du spectacle vivant** Activités en lien avec le domaine	**Activités physiques** Collaborer, coopérer, s'opposer	**Activités physiques** Agir sur les objets
9 h 50 / 10 h 30	**Activités autour d'un mini projet** Dominante plastique	**Activités autour d'un mini projet** Dominante Explorer le monde	**Activités autour d'un mini projet** Lecture d'album	**Activités autour d'un mini projet** Dominante mathématique	**Activités autour d'un mini projet** Dominante sensorielle
10 h 30 / 10 h 55	**Récréation**				
10 h 55 / 11 h 20	**Ateliers** • Conte pour 6 enfants • Jeu coin poupées • Jeu dinette • Jeu de construction	**Ateliers** • Langage sur une image • Jeu coin poupées • Jeu dinette • Puzzles	**Ateliers** • Jeu avec la marionnette pour 6 enfants • Jeu au coin poupées • Enfilage de perles ou autres jeux • Jeux de construction	**Ateliers** • Conte pour 6 enfants • Jeu coin poupées • Jeu dinette • Jeu mathématique	**Ateliers** • Conte pour 6 enfants • Jeu coin poupées • Jeu dinette • Jeu de construction
	SORTIE				
	Après-midi				
11 h 20 / 11 h 40	Répartition des enfants pour le restaurant scolaire et sortie de ceux qui rentrent à la maison			Répartition des enfants pour le restaurant scolaire et sortie de ceux qui rentrent à la maison	
13 h 20 / 14 h 00	**Sieste**			**Sieste**	
14 h 00 / 14 h 45	Réveil échelonné ; habillage Accueil des enfants revenant de l'extérieur Activités au choix en fonction du réveil échelonné : - jeux éducatifs en autonomie ; - cahiers de dessin ; - jeux libres dans les coins aménagés ; - lecture en autonomie dans le coin bibliothèque.			Réveil échelonné ; habillage Accueil des enfants revenant de l'extérieur Activités au choix en fonction du réveil échelonné : - jeux éducatifs en autonomie ; - cahiers de dessin ; - jeux libres dans les coins aménagés ; - lecture en autonomie dans le coin bibliothèque.	
14 h 45 / 15 h 00	**Activités**	**Activités**		**Activités** « Univers sonore »	**Activités**
15 h 00 / 15 h 40	**Activités**	**SORTIE**		**Activités** « Explorer le monde »	**SORTIE**
15 h 40 / 16 h 10	**Activités** Jeux roulants dans le dortoir (vélos, poussettes, traineaux, brouettes…)	**Activités périscolaires**		**Activités** Construction géants	**Activités périscolaires**
16 h 10 / 16 h 20	**Accrochage** des « œuvres du jour » pour les parents et explications			**Accrochage** des « œuvres du jour » pour les parents et explications	
16 h 20 / 16 h 40	**SORTIE**			**SORTIE**	

Emploi du temps : une semaine en petite section
Seconde partie de l'année (février à juin)

Horaires	Lundi	Mardi	Mercredi	Jeudi	Vendredi
8 h 20 / 8 h 50	**Accueil** dans la classe	**Accueil** dans la bibliothèque de l'école	**Accueil** dans la classe	**Accueil** dans la classe avec du graphisme	**Accueil** dans la salle de jeux
8 h 50 / 9 h 10	**Rituels**	**Rituels**	**Rituels**	**Rituels**	**Rituels**
9 h 15 / 9 h 50	**Activités physiques** Agir dans l'espace, dans la durée	**Activités physiques** Communiquer avec les autres au travers d'actions à visée expressive ou artistique	**Activités** Pratiquer quelques activités des arts du spectacle vivant	**Activités physiques** Collaborer, coopérer, s'opposer	**Activités physiques** Agir sur les objets (On pourra changer les objectifs si on dispose de plus de temps ce jour là)
9 h 50 / 10 h 30	**Activités autour d'un mini projet** Dominante plastique	**Activités autour d'un mini projet** Dominante Explorer le monde	**Activités autour d'un mini projet** Dominante sonore	**Activités autour d'un mini projet** Dominante mathématique	**Activités autour d'un mini projet** Dominante sensorielle
10 h 30 / 10 h 55	**Récréation**				
10 h 55 / 11 h 20	**Ateliers** 1. Conte pour 6 enfants 2. Jeu coin poupées 3. Jeu dinette 4. Jeu de construction avec consignes	**Ateliers** 1. Langage sur une image 2. Jeu coin poupées 3. Jeu dinette 4. Puzzles avec consignes	**Ateliers** 1. Conte pour 6 enfants 2. Jeu coin poupées 3. Enfilage de perles 4. Jeux de construction avec consignes	**Ateliers** 1. Conte pour 6 enfants 2. Jeu coin poupées 3. Jeu dinette 4. Jeu mathématique avec consignes	**Ateliers** 1. Jeu avec la marionnette 2. Jeu coin poupées 3. Jeu dinette 4. Jeu de construction avec consignes
11 h 20 / 11 h 40	Répartition des enfants pour le restaurant scolaire et sortie de ceux qui rentrent à la maison		**SORTIE**	Répartition des enfants pour le restaurant scolaire et sortie de ceux qui rentrent à la maison	
SORTIE					
Après-midi					
13 h 20 / 14 h 00	**Sieste**			**Sieste**	
14 h 00 / 14 h 45	Réveil échelonné ; habillage Activités au choix en fonction du réveil échelonné : - jeux éducatifs en autonomie ; - cahiers de dessin ; - jeux libres dans les coins aménagés ; - lecture en autonomie dans le coin bibliothèque.			Réveil échelonné ; habillage Activités au choix en fonction du réveil échelonné : - jeux éducatifs en autonomie ; - cahiers de dessin ; - jeux libres dans les coins aménagés ; - lecture en autonomie dans le coin bibliothèque.	
14 h 00 / 14 h 45	Réveil échelonné – Habillage en autonomie Jeux éducatifs Jeux de société avec l'enseignant Jeux mathématiques	Réveil échelonné – Habillage en autonomie Projet plastique		Réveil échelonné – Habillage en autonomie Jeux éducatifs Jeux de société avec l'enseignant Jeux mathématiques	Réveil échelonné – Habillage en autonomie Projet plastique
14 h 45 / 15 h 00	**Comptines**	**Rangement**		**Activités** Univers sonore	**Rangement**
15 h 00 / 15 h 40	**Activités plastiques**	**SORTIE**		**Activités** Explorer le monde	**SORTIE**
15 h 40 / 16 h 10	**Activités** Jeux roulants dans le dortoir	**Activités périscolaires**		**Activités** Jeux de construction géants	**Activités périscolaires**
16 h 10 / 16 h 20	**Accrochage** dans le couloir des « œuvres du jour » pour les parents et explications			**Accrochage** dans le couloir des « œuvres du jour » pour les parents et explications	
16 h 20 / 16 h 40	**SORTIE**			**SORTIE**	

Emploi du temps : une semaine en moyenne section

Horaires	Lundi	Mardi	Mercredi	Jeudi	Vendredi
8 h 20 / 8 h 50	**Accueil** dans la classe Graphisme décoratif	**Accueil** dans la bibliothèque de l'école Emprunt de livres	**Accueil** dans la classe Graphisme décoratif	**Accueil** dans la classe Jeux divers (puzzles, jeux de construction, abaques)	**Accueil** dans la classe Graphisme décoratif
8 h 50 / 9 h 10	**Rituels** Calendrier Soins aux plantes et animaux Comptage des absents	**Rituels** Calendrier Soins aux plantes et animaux Comptage des absents	**Rituels** Calendrier Soins aux plantes et animaux Comptage des absents	**Rituels** Calendrier Soins aux plantes et animaux Comptage des absents	**Rituels** Calendrier Soins aux plantes et animaux Comptage des absents
9 h 10 / 10 h 00	Lancement d'un projet d'une ou deux semaines Mise en place des différentes pistes nécessaires au projet	Déclinaison des différentes activités en ateliers couvrant les quatre domaines, si possible : - mobiliser le langage dans toutes ses dimensions ; - agir, s'exprimer, comprendre à travers les activités artistiques ; - construire les premiers outils pour structurer sa pensée ; - explorer le monde. Le projet peut se prolonger sur la plage horaire suivante de 10 h 30 / 11 h 20			
10 h 00 / 10 h 30	**Récréation**				
10 h 30 / 11 h 20	**Ateliers** autour d'un livre	**Ateliers** autour d'une situation « mathématisable »	**Ateliers** de création plastique	**Ateliers** autour d'une problématique d'Explorer le monde	**Ateliers** dans le domaine de l'Univers sonore
11 h 20 / 11 h 40	Répartition des enfants pour le restaurant scolaire et sortie de ceux qui rentrent à la maison		**SORTIE**	Répartition des enfants pour le restaurant scolaire et sortie de ceux qui rentrent à la maison	
11 h 30 / 12 h 00	APC Pour les enfants qui en ont besoin			APC Pour les enfants qui en ont besoin	
SORTIE					
Après-midi					
13 h 20 / 13 h 30	**Accueil** des enfants revenant de l'extérieur			**Sieste**	
13 h 30 / 14 h 15	**Agir, s'exprimer, comprendre à travers les activités physiques** Agir dans l'espace, dans la durée	**Agir, s'exprimer, comprendre à travers les activités physiques** Communiquer avec les autres au travers d'actions à visée expressive ou artistique		**Agir, s'exprimer, comprendre à travers les activités physiques** Collaborer, coopérer, s'opposer/ Pratiquer quelques activités des arts du spectacle vivant	**Agir, s'exprimer, comprendre à travers les activités physiques** Agir sur les objets
14 h 15 / 14 h 45	**Jeux éducatifs** Jeux de société avec l'enseignant Jeux mathématiques	**Activités plastiques**		**Jeux éducatifs** Jeux de société avec l'enseignant Jeux mathématiques	**Activités plastiques**
14 h 45 / 15 h 00	**Comptines**	**Rangement**		**Lecture** d'un conte	**Rangement**
15 h 00 / 15 h 30	**Récréation**	**SORTIE**		**Récréation**	**SORTIE**
15 h 30 / 16 h 10	**Activités plastiques**	**Activités périscolaires**		**Activités plastiques**	**Activités périscolaires**
16 h 10 / 16 h 20	**Accrochage** dans le couloir des « œuvres du jour » pour les parents et explication			**Accrochage** dans le couloir des « œuvres du jour » pour les parents et explication	
16 h 20 / 16 h 40	**SORTIE**			**SORTIE**	

Emploi du temps : une semaine en grande section

Horaires	Lundi	Mardi	Mercredi	Jeudi	Vendredi
8 h 20 / 8 h 50	**Accueil** dans la classe Graphisme décoratif Bibliothèque de l'école : emprunt de livres	**Accueil** dans la classe Graphisme décoratif	**Accueil** dans la classe Écriture	**Accueil** dans la classe Jeux divers (jeux de construction, Kapla, Lego…)	**Accueil** dans la classe Écriture
8 h 50 / 9 h 10	**Rituels** Calendrier Soins aux plantes et animaux Comptage des présents	**Rituels** Calendrier Soins aux plantes et animaux Comptage des présents	**Rituels** Calendrier Soins aux plantes et animaux Comptage des présents	**Rituels** Calendrier Soins aux plantes et animaux Comptage des présents	**Rituels** Calendrier Soins aux plantes et animaux Comptage des présents
9 h 10 / 10 h 00	**Projet** pour deux ou trois semaines, voir plus selon la densité du projet Mise en place des différentes pistes nécessaires	**Déclinaison des différentes activités en ateliers** Ccouvrant les quatre domaines, si possible : - mobiliser le langage dans toutes ses dimensions ; - agir, s'exprimer, comprendre à travers les activités artistiques ; - construire les premiers outils pour structurer sa pensée ; - explorer le monde. Le projet peut se prolonger sur la plage horaire de 10 h 30 / 11 h 20			
10 h 00 / 10 h 30	**Récréation**				
10 h 30 / 11 h 20	**Ateliers** autour d'un livre	**Ateliers** autour d'une situation « mathématisable »	**Ateliers** de création plastique	**Ateliers** autour d'une problématique d'Explorer le monde	**Ateliers** d'écriture
11 h 20 / 11 h 40	Répartition des enfants pour le restaurant scolaire et sortie de ceux qui rentrent à la maison		**SORTIE**	Répartition des enfants pour le restaurant scolaire et sortie de ceux qui rentrent à la maison	
11 h 30 / 12 h 00	APC Pour les enfants qui en ont besoin			APC Pour les enfants qui en ont besoin	
SORTIE					
Après-midi					
13 h 20 / 13 h 30	**Accueil** des enfants revenant de l'extérieur			**Sieste**	
13 h 30 / 14 h 15	**Jeux** • Éducatifs • De société avec l'enseignant • Mathématiques	**Activités** plastiques		**Jeux** • Éducatifs • De société avec l'enseignant • Mathématiques	**Ateliers** dans le domaine de l'Univers sonore
14 h 15 / 14 h 45	**Agir, s'exprimer, comprendre à travers les activités physiques** Agir dans l'espace, dans la durée	**Agir, s'exprimer, comprendre à travers les activités physiques** Communiquer avec les autres au travers d'actions à visée expressive ou artistique		**Agir, s'exprimer, comprendre à travers les activités physiques** Collaborer, coopérer, s'opposer/ Pratiquer quelques activités des arts du spectacle vivant	**Agir, s'exprimer, comprendre à travers les activités physiques** Agir sur les objets
14 h 45 / 15 h 00	**Comptines**	**Rangement**		**Lecture** d'un conte	**Rangement**
15 h 00 / 15 h 30	**Récréation**	**SORTIE**		**Récréation**	**SORTIE**
15 h 30 / 16 h 10	**Activités plastiques**	**Activités périscolaires**		**Activités plastiques**	**Activités périscolaires**
16 h 10 / 16 h 20	**Accrochage** dans le couloir des « œuvres du jour » pour les parents et explication			**Accrochage** dans le couloir des « œuvres du jour » pour les parents et explication	
16 h 20 / 16 h 40	**SORTIE**			**SORTIE**	

Bibliographie

La maternelle

- Pascale Garnier, *Sociologie de l'école maternelle*, PUF, 2016.
- Catherine Gueguen (Dr), *Pour une enfance heureuse*, Robert Laffont, 2014.
- Claire Boutillier, *La bientraitance éducative dans l'accueil des jeunes enfants*, Dunod, 2015.
- Ève Leleu-Galland, *L'école maternelle : quels piliers pour la refondation ?*, Canopé, 2015.
- Christine Passerieux, *La maternelle : Première école, premiers apprentissages*, Chronique sociale, 2009.
- Jérôme Bruner, *Comment les enfants apprennent à parler*, Retz, 2002.
- Sophie Briquet-Duhaze, Fabienne Quibel-Perinelle, *Les rituels à l'école maternelle*, Nathan, 2009.
- Benjamln Chemouny, *Communiquer avec les parents pour la réussite des élèves*, Retz, 2014.
- Thierry Vasse, *Le guide de l'ATSEM*, Hachette éducation, 2011.

Le langage dans toutes ses dimensions

- Danielle Quillan, *L'écoute des bruits et des sons pour l'éveil à la conscience phonologique - Maternelle/ASH*, Hachette Éducation, Pédagogie pratique, 2008.
- Sylvie Cèbe, Jean-Louis Paour, Roland Goigoux, *Imagier, maternelle et CP : 240 cartes à découper*, Hatier, 2004.
- Sylvie Cèbe, Jean-Louis Paour, Roland Goigoux, *Catégo, Maternelle toutes sections : Apprendre à catégoriser*, Hatier, 2004.
- Sylvie Cèbe, Jean-Louis Paour, Roland Goigoux, *Phono, Maternelle toutes sections, Développer les compétences phonologiques*, Hatier, 2004.
- Jérôme Bruner, *Comment les enfants apprennent à parler*, Retz, 2002.
- Mireille Brigaudiot, *Apprentissages progressifs de l'écrit à l'école maternelle*, Hachette Éducation, 2000.
- Marie-Thérèse Zerbato-Poudou, *Apprendre à écrire de la PS à la GS*, Retz, 2007.
- Marie-Thérèse Zerbato-Poudou, *Construire le geste graphique en maternelle*, Retz, 2015.
- Mireille Brigaudiot, *Langage et école maternelle*, Hatier, 2015.
- Micheline Cellier, *Guide pour enseigner le vocabulaire à l'école maternelle*, Retz, 2014.
- Maryse Bianco, *Du langage oral à la compréhension de l'écrit*, PU Grenoble, 2015.
- Élisabeth Doumenc, *Travailler avec des albums en maternelle*, Hachette Éducation, 2010.

L'activité physique

- Collectif, *Jeux collectifs en maternelle : Agir, s'exprimer, comprendre à travers l'activité physique*, Canopé, 2014
- Réseau CRDP de Montpellier, *100 h d'EPS pour la maternelle, Inspection académique de l'Aude*, Canopé, 2009.

Les activités artistiques

- *Écoles qui chantent, Approchants*, 2014/2015.
- Chloé Séguret, Céline Touchard, sous la direction de Sylvie Rayna, *Lire en chantant des albums de comptines*, Éditions Erès, 2015.
- Élisabeth Doumenc, *Le parcours artistique : autour de la couleur Maternelle*, Hachette Éducation, 2015.
- Solange Sanchis, Lysia Menard, *Monter un spectacle de cirque*, Retz, 2009.

Les premiers outils

- André Jacquart, *Collections des jeux Zigomaths, Ateliers Acromaths des petits, Tableaux Quadriludi Formes et Nombres*, Nathan.
- Dominique Valentin, *Découvrir les maths GS : situations pour la GS*, Hatier, 2015.
- Dominique Valentin, *Découvrir les maths MS : situations pour la MS*, Hatier, 2015.
- Dominique Valentin, *Découvrir les maths PS : situations pour la PS*, Hatier, 2015.

Explorer le monde

- Catherine Duserre, Laurence Schmitter, *Il était une fois les sciences Cycle 1, Programmes 2015*, Nathan, 2015.
- Catherine Dussert, Anne Popet, *Tout autour de la Terre, Cycle 1*, Nathan, 2015.
- Jacques Bossis, Catherine Dumas, Christine Liverato, *Aménager les espaces pour mieux apprendre à l'école de la bienveillance*, Retz, 2015.
- *Pour explorer le monde à l'école maternelle*, Collection Tavernier, Bordas, 2015.

Sitographie

- Jean-Noël LUC, *L'école maternelle en Europe : XIXe-XXe siècles. Histoire de l'Éducation*, mai 1999, n° 82, 239 p. : http://www.inrp.fr/publications/edition-electronique/histoire-education/RH082.pdf
- Eduscol, *Informer et accompagner les professionnels de l'éducation* : http://eduscol.education.fr
- AGEEM : *Association Générale des Enseignants des Écoles et classes Maternelles* : http://www.ageem.fr/
- Plasticades, *Arts plastiques à l'école* : http://plasticades.free.fr/plasticades/index.php3
- Picto images (libres de droit) : http://www.picto.qc.ca/
- Clic images (libres de droit) : http://crdp.ac-dijon.fr/-Clic-images-.html

Coordination éditoriale : Catherine Bourges
Édition : Sophie Husson Gohé
Conception graphique : Léna Piroux
Mise en pages : Typo-Virgule
Couverture : Sophie Auvin

Impression & brochage sepec - France
N° d'impression : 06601160930 - Dépôt légal : septembre 2016 - N° éditeur : 10230040